▶ 本书研究工作受国家自然科学基金项目（项目编号：71372154）
2018年华南师范大学青年教师科研培育基金项目（17SK03）资

不可靠供应条件下JIT生产双源采购决策

BUKEKAO GONGYING TIAOJIAN XIA JIT SHENGCHAN
SHUANGYUAN CAIGOU JUECE

陈崇萍　陈志祥／著

图书在版编目（CIP）数据

不可靠供应条件下 JIT 生产双源采购决策/陈崇萍，陈志祥著. —北京：知识产权出版社，2018.9

ISBN 978-7-5130-5887-2

Ⅰ.①不… Ⅱ.①陈… ②陈… Ⅲ.①企业管理—采购管理—研究 Ⅳ.①F274

中国版本图书馆 CIP 数据核字（2018）第 225526 号

内容提要

双源采购是一种风险规避的采购策略。本书研究在各种供应条件风险下的 JIT 装配企业的双源采购决策问题，利用运筹学中报童理论、博弈论、优化方法等分析工具，结合采购和供应链管理理论，在传统的采购决策机制基础上，对采购交货中断风险、质量风险、价格风险、产能风险等条件下的双源采购决策进行研究。本书的研究结论对于企业采购管理具有启示和借鉴意义。

读者对象：从事采购和供应链管理研究的管理科学与工程、企业管理等专业的博士和硕士研究生及其他相关学科的学者，企业采购管理经理等实际工作者。

责任编辑：江宜玲	责任校对：谷　洋
装帧设计：张　冀	责任印制：孙婷婷

不可靠供应条件下 JIT 生产双源采购决策

陈崇萍　陈志祥　著

出版发行：知识产权出版社有限责任公司	网　　址：http://www.ipph.cn
社　　址：北京市海淀区气象路 50 号院	邮　　编：100081
责编电话：010-82000860 转 8339	责编邮箱：jiangyiling@cnipr.com
发行电话：010-82000860 转 8101/8102	发行传真：010-82000893/82005070/82000270
印　　刷：北京虎彩文化传播有限公司	经　　销：各大网上书店、新华书店及相关专业书店
开　　本：720mm×1000mm　1/16	印　　张：9.75
版　　次：2018 年 9 月第 1 版	印　　次：2018 年 9 月第 1 次印刷
字　　数：158 千字	定　　价：38.00 元
ISBN 978-7-5130-5887-2	

出版权专有　侵权必究

如有印装质量问题，本社负责调换。

前　言

随着经济全球化与全球制造的盛行，全球采购成为充分利用全球资源的有效方式。装配企业也纷纷在全球范围内采购自己生产需要的零部件，但全球采购的复杂性，如供应中断、采购价格不稳定、供应数量不确定等，增加了采购的不可靠性。以丰田公司为代表的日本企业推行 JIT 生产方式，其基本理念是采用单源供应，以期和较少的供应商建立长期的伙伴关系。但是，这种单源供应的做法在现实中存在巨大风险。因为在 JIT 生产模式下，装配企业对供应商的交货和质量等都有严格要求，而且推崇所谓的零库存管理理念。但是采用这种理想的丰田主义做法，一旦供应中断或者供应系统出现问题，下游企业生产将被迫中断，很容易导致严重损失。2018 年年初，一场中美贸易摩擦影响了我国一些从美国供应商采购物资和零件的企业，中兴通讯就由于其元件过分依赖一家美国供应商而陷入困境，虽然后来这种危机在中美两国的贸易谈判中得到解决，但是对于中国制造企业来说，这是一次深刻教训——单源采购有风险，"鸡蛋不能都放在一个篮子里"。为了降低采购风险，同时平衡采购价格与采购及时性，双源采购是一种风险规避的采购策略，对于降低采购风险有重要的意义。

本书研究了各种不可靠供应条件下 JIT 装配企业最优的双源采购问题。在供应与需求均不确定时，采用报童模型、博弈论、最优化理论等方法，在传统库存研究的基础上考虑各种不可靠供应因素进行深入研究。

第一，本书首先研究了一个 JIT 装配企业向两个同时存在产出不确定性和供应中断可能性的供应商采购零部件的双源采购问题，通过建立三者之间的博弈模型，求解了两个供应商最优的生产决策与 JIT 装配企业最优的订货决策；其次比较了供应商产出不确定性和供应中断对最优决策的影响；最后分析了零部件残值对最优决策的影响，证明健全的零部件二手市场可以给 JIT 装配企业和供应商都带来好处。同时证明 JIT 装配企业最优的策略是先对两个供应商进行产出不确定性改善，然后淘汰不确定性高的供应商，引入新的供应商，再对两个供应商进行产出不确定性改善，如此不断循环，可使 JIT 装配企业获得最高的利润。

第二，基于 JIT 装配企业的全球化战略，本书研究了一个 JIT 装配企业同时向一个初始价格低但价格受海外市场影响而随机波动的海外供应商，和一个初始价格高但稳定的本地供应商采购零部件的双源采购问题，构建了三者之间的斯坦伯格博弈模型。本书认为 JIT 装配企业应对海外供应商采取可变价格策略，即针对海外供应商的当期采购价格与初始采购价格和海外市场现货价格相关。然后求解了在此策略下，JIT 装配企业最优的订货决策与两个供应商最优的生产决策，并做了相关变量的灵敏度分析。研究表明 JIT 装配企业对海外供应商采取该可变价格策略可以降低海外供应商的市场价格风险，同时 JIT 装配企业也可在此价格策略下获得最大利润。

第三，本书基于一个 JIT 装配企业同时向两个质量有差别的供应商采购零部件的情况，提出了以缺陷率低的供应商为质量改善标杆的双源采购模型，比较了 JIT 装配企业在同时进行质量改善投资和订货，或先进行质量改善投资再订货两种策略下利润的差别。研究发现 JIT 装配企业应该对缺陷率高的供应商先进行质量改善投资，再向两个供应商订货。且无论采用哪种策略，JIT 装配企业向两个供应商订货的数量与两个供应商的质量水平都成正比。

第四，在需求与供应均随机的情况下，本书研究了一个 JIT 装配企业向两个存在不同生产规模扩张柔性的供应商采购零部件的双源采购问题。首先建立了三者之间的斯坦伯格博弈模型，求解了两个供应商最优生产量和 JIT 装配企业最优订货量。研究发现供应商的初始生产规模对供应商利润的影响，取决于供应商生产量超过初始生产规模的概率与供应商生产规模扩张柔性之间的相对大小，当前者大于后者时，供应商的利润与初始生产规模成正比；当前者小于后者时，供应商利润与初始生产规模成反比。

第五，本书研究了一个 JIT 装配企业同时向一个提前期长但价格低的海外供应商和一个提前期短但价格高的本地供应商采购的双源采购问题。为了降低订货风险，JIT 装配企业采取平滑的采购策略，即当期订购量与上期订购量和本期市场需求量相关。在市场需求满足正态分布的情况下，证明了 JIT 装配企业库存水平和向两个供应商订购的数量也满足正态分布。在 JIT 装配企业无存放空间限制的条件下，证明 JIT 装配企业双源采购最优。然后在 JIT 装配企业的初始存放空间有限的条件下，求解了 JIT 装配企业最优的初始库存空间，以及此时 JIT 装配企业最优的平滑采购系数。

本书通过研究不同不可靠供应条件下的双源采购问题，为我国制造企业在国际化过程中面对更加复杂和不可靠的采购环境打下良好基础，也为我国制造业开展双源采购提供了一定的借鉴，具有较强的实际应用价值。同时研究结论在一定程度上拓展了现有不可靠供应条件下双源采购问题的相关研究，有一定的理论参考价值。

本书得到陈志祥教授主持的国家自然科学基金项目（71372154，71772191）课题的支持，知识产权出版社的江宜玲编辑为本书的出版、编辑和修改做了很多工作，提供了很好的建议，在此表示衷心感谢。由于作者水平、时间和精力有限，本书纰漏在所难免，敬请读者批评指正。

作　者

2018 年 6 月 15 日于广州

目 录

第1章 绪 论 ... 1

1.1 研究背景与问题 ... 1
1.1.1 研究背景 ... 1
1.1.2 研究问题 ... 5
1.2 研究内容与结构 ... 7
1.3 本书的创新点 ... 10

第2章 文献综述 ... 13

2.1 供应不可靠相关研究 ... 13
2.1.1 产出不确定 ... 14
2.1.2 双源或多源采购下的供应不确定 ... 16
2.2 JIT采购与生产相关研究 ... 18
2.3 装配企业采购相关研究 ... 20
2.4 双源采购相关研究 ... 21
2.4.1 供应中断下的双源采购 ... 21
2.4.2 可变价格下的双源采购 ... 23
2.4.3 供应商质量管理和生产能力限制下的双源采购 ... 24
2.4.4 提前期不确定下的双源采购 ... 24
2.4.5 其他情况下的双源采购问题 ... 27
2.5 本章小结 ... 29

第3章 供应产出随机与中断条件下的JIT装配企业双源采购决策 ········ 31

- 3.1 引言 ··· 31
- 3.2 问题描述、符号说明与基本假设 ······································ 33
- 3.3 模型构建 ·· 34
  - 3.3.1 只考虑随机产出时的最优决策 ································ 34
  - 3.3.2 供应商产出随机和供应中断时的最优决策 ················ 39
- 3.4 算例分析与管理启示 ··· 42
  - 3.4.1 最优决策与最优利润 ·· 42
  - 3.4.2 灵敏度分析 ·· 44
  - 3.4.3 管理启示 ··· 50
- 3.5 本章小结 ·· 50

第4章 交货价格不可靠条件下的JIT装配企业双源采购决策 ··· 52

- 4.1 引言 ··· 52
- 4.2 问题描述、符号说明与基本假设 ······································ 53
- 4.3 模型构建 ·· 54
  - 4.3.1 JIT装配企业对海外供应商的可变价格策略 ··············· 54
  - 4.3.2 供应商的最优决策 ··· 55
  - 4.3.3 JIT装配企业的最优决策 ······································· 56
- 4.4 算例分析与管理启示 ··· 61
  - 4.4.1 最优决策与最优利润 ·· 61
  - 4.4.2 灵敏度分析 ·· 63
- 4.5 本章小结 ·· 65

第5章 供应质量不同条件下的JIT装配企业双源采购决策 ······ 66

- 5.1 引言 ··· 66
- 5.2 问题描述、符号说明与基本假设 ······································ 68
- 5.3 模型构建 ·· 70

	5.3.1 供应商最优生产量	70
	5.3.2 JIT装配企业最优订货量	71
5.4	算例分析与管理启示	79
	5.4.1 最优决策与最优利润	79
	5.4.2 灵敏度分析	83
	5.4.3 管理启示	85
5.5	本章小结	86

第6章 供方规模扩张柔性不同条件下的JIT装配企业双源采购决策 88

6.1	引言	88
6.2	问题描述、符号说明与基本假设	89
6.3	模型构建	91
	6.3.1 供应商最优生产量	91
	6.3.2 JIT装配企业最优订货量	94
6.4	算例分析与管理启示	98
	6.4.1 最优决策与最优利润	98
	6.4.2 灵敏度分析	99
	6.4.3 管理启示	106
6.5	本章小结	106

第7章 供应提前期不同条件下的JIT装配企业双源采购决策 108

7.1	引言	108
7.2	问题描述、符号说明与基本假设	110
7.3	模型构建	111
	7.3.1 JIT装配企业无存放空间限制条件下的最优策略	111
	7.3.2 JIT装配企业存放空间存在限制条件下的最优策略	117
7.4	算例分析与管理启示	121
7.5	本章小结	124

第 8 章　总结与展望 …………………………………………… 126
8.1　研究结论 …………………………………………………… 126
8.2　研究展望 …………………………………………………… 128

参考文献 ………………………………………………………… 130

第1章 绪　论

1.1 研究背景与问题

1.1.1 研究背景

采购是企业运作管理重要的一部分，也是企业价值创造最为关键的一部分（Porter，1985）。传统企业需要花费大概 55% 的运营收益在采购上，而采购管理最为重要的决策是选择采购商和决定从每个采购商处取得的采购量（Leenders，Fearon，1998），因此采购在企业的运营管理中相当重要。中国作为一个制造大国，也从全球采购的过程中获益良多。全球采购可以降低装配企业的采购成本，据报告 2003 年美国大部分的公司通过全球采购降低了 10%～35% 的采购成本（Minahan，2003）。同时对于中国装配企业来说，全球采购还可以获得很多国内没有的关键零部件，这些零部件需要先进的生产技术和前期研发。在中国很多的关键零部件仍然需要依靠进口，且这种情况在短期内还会继续（Fu et al.，2006）。因此装配企业对零部件的采购依赖程度相当高，零部件的采购关系重大，采购的零部件质量出现问题或者供应中断会直接导致最终产品出现问题。如丰田汽车召回事件就是因为其美国零部件供应商 CTS 生产的油门脚踏板出现了问题。再如 9.11 事件零部件供应中断之后导致很多的汽车装配企业停产。

全球咨询公司 McKinsey & Co. 的调查显示，供应的不确定性是导致供应链不稳定最为重要的三个原因之一（Muthukrishnan，Shulman，2006）。公司在全球化的过程中最大的问题也是供应商不能按时按量供应关键零部件（Cohen et al., 2008)。因此装配企业可以采取一些运营策略提高供应可靠性，但仍然不能完全消除它，如物料运输过程中的不可靠性（Tomlin, 2006）。供应数量的不确定性主要指供应商不能百分百供应订货量，这主要是因为供应产出的不确定性，如一些半导体行业的有效产出率经常低于50%（Gurnani, Gerchak, 2007）。再比如在全球采购中，由于运输路途遥远，再加上运输过程中如潮湿、撞击等特殊原因，难免会造成一部分货物损耗。还可能因为一些地方环境特殊造成供应数量不确定，如一些地方发生政治上的动乱，甚至是一些灾难性的突发情况，如地震、洪水等。供应的不确定性给装配企业带来了风险，因为现在装配企业订货提前期越来越长，产品的销售时间越来越短，市场需求变化越来越快，特别是在时装、电子产品等行业中，产品销售时间短、更新换代快、残值低，这样的情况给装配企业的采购生产决策带来更大的挑战（Taylor, 2002）。

装配企业需要的零部件大部分都依靠采购。为了降低成本，充分利用世界资源，大部分的大型企业都将其零部件生产基地搬到了发展中国家，如印度、中国等（Leng, Parlar, 2010）。如德国的阿迪达斯、美国的耐克均是在中国与越南生产，苹果手机零部件也来自不同国家。据《金融时报》2011年3月份的报告，中国已经超过美国成为世界上最大的制造国，电子产业和汽车工业等发展迅速。以我国的汽车行业为例，据中国汽车工业协会报告：广汽本田2015年销量100多万辆，东风本田销售大概40万辆，且这些数据在2016年还在上升。但是汽车装配企业的大部分零部件是进口而来，就连拥有核心关键技术的产品（如变速箱、发动机等）都依靠进口。再比如大型的汽车生产商丰田将其零部件外包给其他供应商，其他供应商再将其生产的零部件运往其装配工厂，生产汽车所采用的超过75%的零部件，90%的钢材来自别的零部件生产商（Zhao et al., 2012）。在2005年，丰田汽车公司拥有350多个供应商（Leviet al., 2003）。广州本田的采购总监在一次交流中也谈到，本田的供应商已经超过了300家，同时他们也经常花高价去获得稳定高质的货源。因此，采购对我国装配企业来说意义重大。

但现在装配企业面临更多的供应不确定性。现在的装配企业普遍采用JIT生产模式，这样的运作模式可以很快地满足顾客多样化的需要，但由于库存量的减少，供应链系统变得更加脆弱，供应商供货的不确定性可能给装配企业带来灾难性的后果。如美国 9.11 事件之后几天内，福特公司几条汽车装配线不得不停止。同时丰田汽车公司也不得不停产，因为其重要零部件由于空中管制还停留在德国（Li, Savachkin, 2016）。如 1977 年 2 月丰田的一个刹车系统供应商发生火灾，导致丰田公司将 18 个汽车装配厂关闭了整整 2 周，损失高达 1.95 亿日元（Treece, Rechtin, 1997）。台湾地区生产的计算机芯片占全世界的 10%，主板占 80% 以上，1999 年台湾地震让台湾供货的计算机配件瞬间中断，损失惨重，地震的次日凌晨就有人在美国街头开始囤积半导体，韩国的半导体生产商也因此意外股价暴涨，随后主要依赖台湾供货的摩托罗拉和博通（Broadcom）公司不得不面临零部件缺货的境地。再如 2000 年 3 月的一场雷击引起了飞利浦公司在阿尔布开克的半导体工厂的火灾，这家工厂是爱立信手机芯片的直接供应商，这导致爱立信手机的芯片短缺，爱立信不得不推迟手机的生产。据《华尔街时报》报道，该公司的官方数据显示此次短缺潜在损失高达 40 亿美元，爱立信公司在 7 月份的记者招待会中称短短几个小时的火灾让公司的股票下跌 14%（Latour, 2001）。2012 年 3 月 31 日，德国赢创集团的一家化工厂发生爆炸和火灾，直接导致全球汽车刹车系统短缺，因为此工厂主要生产刹车系统必须使用的一种树脂材料（Automotive Industries, 2012）。由此可见，对采购不可靠性的管理越来越重要。

面对公司可能遭遇的各种供应风险，各个采购商采取各种形式规避风险。如商业保险，美国奔派（Palm）就在 2003 年获得了 640 万元的商业保险赔款，因为它的供应商因为火灾发生了供应中断；也有不少公司采用运营管理的方式规避风险，如诺基亚公司采用多个供应源的模式减轻供应风险的存在；还有一些公司采用一些应急措施，如 1999 年台湾地震导致戴尔公司很多存储器的供应中断，为了规避风险，戴尔公司积极引导消费者购买低存储器计算机缓解高存储器不足的压力。

尽管采用单供应商具有一些优势，如好管理，对于一些涉及重要商业机密的产品，采购商更是希望只有一个供应商，但面临一些中断情况时，装配企业就爱莫能助，损失惨重。在麦肯锡的调查报告中显示，三分之二以上的制造业由于突发事故导致供应商供货短缺，造成生产零部件不足而带来损失。研究发现资源的柔性与多样性会帮助装配企业降低各种风险的袭击（Sheffi et al., 2003）。采购的不可靠性让采购商一般不会只采用单一供应商，双源甚至多源是应对采购不可靠性比较有效的管理方法。Berger等（2004）的研究发现，对于概率低的非常规突发事件，装配企业应该采取双源采购的模式，但如果突发事件发生的概率很大就采用单源采购的模式。

但多供应商提高了供应商管理的难度，对于一些需要大型生产设备的产品，多供应商也增加了生产设备的台数，这不是一个最为有效的方式，所以现在装配企业普遍采用双源采购策略。因为双源采购是应对供应风险最为有利的运营策略，原因是双源采购不只能应对供应中断，还能降低采购成本、弥补供应商生产能力不足等。如果其中一个供应商的价格更高，那么这个供应商将分得更少的订货量。如果供应商之间的价格差异不是很大，那么采购数量将平均分配给他们。双源采购的两个供应商一般在生产设备、质量、供货成本等方面存在很大差异。这样的采购方式可以很好地满足装配企业的需要，最终实现更高的服务水平、更好的交货可靠性等。双源采购在一些全球大公司中被广泛地采用，主要是因为它能很好地降低供应不可靠性（Sheffi，2013）。且实证研究显示，大部分的企业还是采用双源采购更好（Shin et al.，2000）。

调研中也发现，珠江啤酒等公司也采用双源采购策略，其负责人说，他们同时从国内的宁夏和国外的澳大利亚采购生产啤酒需要的大麦。尽管国内的大麦价格相对便宜，但是其含的蛋白质成分相当高，导致单位大麦所产的啤酒量少。而澳大利亚地区的大麦相对贵一些，但其蛋白质成分含量低，使得这些大麦的啤酒产量相对更高，最终以产一单位啤酒需要的大麦成本来看，购买澳大利亚的大麦成本更低。但农产品经常受到天气的影响，为了保证生产啤酒的大麦货源的稳定性，珠江啤酒同时也在国内采购大麦，以防澳大利亚天灾导致大麦收成不好，从而导致大麦不仅价格暴涨同时供应量不足带来的风险。

美国公司也采用双源采购策略（Lyon，2006）。世界上最大的工程机械与矿山设备生产商美国卡特彼勒公司向一般的低成本公司采购大量材料的同时，也向快速生产但价格昂贵的生产商采购一些紧急的材料（Rao et al.，2000）。英特尔公司要求20%的需求量必须采用双源或者多源采购，以便保证货物到达的安全性（Tian et al.，2011），采用双源采购策略的还有惠普、宝洁等公司。双源采购可以为采购商获得更低的采购价格，主要是因为两个供应商之间存在价格竞争，无意中为采购商获得更低的采购价格创造了条件（Klosterhalfen et al.，2014）。因此双源采购是降低采购不可靠性、获得低价最为有力的一种运营管理策略。

双源采购已经在很多JIT装配企业中实施，但在各种不可靠条件下如何充分地发挥双源采购的优势，还需要不断探索。鉴于此，本书以JIT装配企业在不可靠条件下的双源采购为研究对象，在供应和需求同时不确定的条件下，研究两个供应商存在供应中断、海外供应商价格可变、供应质量不统一、供应商规模扩张柔性不同和供应商提前期不同等不可靠供应条件下的一个JIT装配企业同时向两个供应商采购的问题，在各种不可靠供应条件下提出了相应的解决方案，建立数学模型研究了相关解决方案的量化决策问题，以充实现有文献的研究，为JIT装配企业在不可靠供应条件下更好地双源采购提供有力的理论指导和支持。

1.1.2 研究问题

采购过程是企业生产经营活动的起点，原料的品质决定着产品的质量和价格，因此，津司（1988）将采购称为企业经营的支柱。企业实现利润最大目标的途径有两种，即降低企业总成本和提高企业销售额，而前者是最为可行的方法。原料成本在企业销售收入中所占的比重平均为45.3%，位居各种成本之首，而其他费用，如劳动力费用一般不超过6%，管理费用不超过3%，而且企业的利润在销售收入中只占6%左右。而对于一些装配企业，采购费用在总费用中所占的比重更高，如汽车行业大约为64%，炼油化工企业一般为80%以上（津司，1988）。英特尔公司自2005年以来每年都花费5.3亿美元在采购各种原材料上（Grasman，Sari，2007）。因此，通过降低采购成本来提高利润是最为可行的方法。

据统计，在核心技术比较成熟的现代企业发展中，零部件和生产物资的采购成本占总销售额的比例一直呈显著增长趋势。以电力行业（Schrader，2001）为例，仅1998—2000年，采购活动所占成本的比例就从15%增至40%。可见，采购成本的高低会直接影响企业产品的市场占有量和盈利情况，采购活动的成功与否会直接影响企业能否快速灵活地满足客户的需求，直接关系到企业的生存和发展。

在双源采购中，全球双源采购是最重要的一种模式，且全球双源采购已经成为装配企业不得不采取的一种采购战略（Fu et al.，2006），因为全球双源采购不仅可以给装配企业带来低价格的零部件，还可以弥补自身技术上的不足，获得高技术含量的零部件。但 JIT 装配企业在全球化的采购过程中面临着更大的不可靠性，管理好这些不可靠性才能为 JIT 装配企业的生存发展获得空间。因为企业要生存与发展，就必须加强生产经营活动中的风险管理；企业能否获取期望利润，关键在于能否有效地控制和降低风险损失（宋明哲，1984；李剑锋，1996）。双源采购被认为是降低采购风险最为有效的运营方式，不少研究对供需不确定条件下的双源采购问题进行了研究。然而，还存在一些不可靠供应因素在前人的研究中没有得到充分考虑，有待于进一步解决和研究，具体如下：

（1）市场需求不确定时，产出不确定与供应中断同时存在时的双源采购问题。以往的研究中将供应商的产出不确定与供应中断作为同样的供应不可靠因素，但产出不确定与供应中断具有最本质的区别：供应商可以通过自我的改善降低产出的不确定性，但供应中断是企业外部的不确定性，供应商不能控制。因此本书拟在 JIT 装配企业市场需求随机时，将供应商产出不确定和供应中断作为两个不确定性因素，研究此时 JIT 装配企业最优的双源采购问题，求解此时 JIT 装配企业与供应商的最优决策，并比较两者对 JIT 装配企业和供应商的影响。

（2）供需不确定条件下，海外供应商价格可变情况下的双源采购问题。在 JIT 装配企业全球采购的过程中，由于受国际汇率与国际上零部件价格波动剧烈的影响，国际供应商的零部件现货市场价格也随着波动，采用固定的采购价格对采购双方都不合理。但在以往的双源采购过程中，采购价格几乎都是固定不变的，因此本书拟对 JIT 装配企业对国际供应商采用可变价格策略下的双源采购问题做进一步研究。

（3）供需不确定条件下，供应商质量不统一情况下的双源采购问题。在 JIT 装配企业双源采购的过程中，难免会遇到两个供应商存在质量不统一的情况，在以往的双源采购研究中，很少考虑双源采购中质量不统一的情况。但在实际的调研中发现，JIT 装配企业经常遇到两个供应商提供的零部件质量不同。因此在供需不确定条件下，本书拟对供应商质量不统一情况下的双源采购问题做进一步研究。

（4）供需不确定条件下，供应商规模扩张柔性不同时的双源采购问题。

在全球双源采购过程中，JIT装配企业总会因为市场需求的变化而减少或者增加采购的数量，因此供应商初始生产规模成为供应商的关键决策变量。同时JIT装配企业也需要考虑供应商规模扩张的难度，但由于两个供应商处于不同的地理、政治环境等条件，供应商扩张生产规模的成本存在差异。供应商建设初始生产规模的单位成本与扩张规模的单位成本叫作规模扩张柔性，以往的研究只是考虑供应商生产规模存在限制，但没有考虑供应商生产规模扩张的能力，因此本书拟对供应商拥有不同生产规模扩张柔性下的全球双源采购问题做进一步研究。

（5）供应商提前期不同，且存放空间有限时的双源采购问题。在全球双源采购研究中，有些研究假设没有提前期，有些研究假设提前期是随机变量，但在现实的全球双源采购中，将时间离散化，提前期总是可以固定在某段时间之内，此时两个供应商的提前期一般都不同。同时在调研中也发现，由于JIT装配企业生产规模的变化性，JIT装配企业零部件的初始摆放空间规模是个关键决策变量，在初始摆放空间不足时，需要将零部件寄存在第三方物流公司处，本书拟研究两个供应商提前期不同且存放空间限制条件下的双源采购问题。

1.2 研究内容与结构

全书一共分为8章，整体的结构如图1-1所示。本书首先对国内外相关研究进行综述，然后综合采用博弈论、报童模型、最优化利润等系统优化与决策的方法，在供应与需求不确定的情况下，综合考虑双源供应的诸多不完备条件：供应中断、供应价格可变、供应质量不统一、供应商规模扩张柔性不同、供应提前期不同，建立模型求解了各种不确定供应条件下，JIT装配企业与供应商的最优决策，分析了各种不确定性因素对最优决策与JIT装配企业和供应商利润的影响。

全书的主要内容简单介绍如下：

第1章介绍了全书的研究背景、研究意义、全书的主要内容，还归纳总结了主要创新点。

第2章对本书研究相关的文献进行了总结与归纳，主要总结分析了供应不

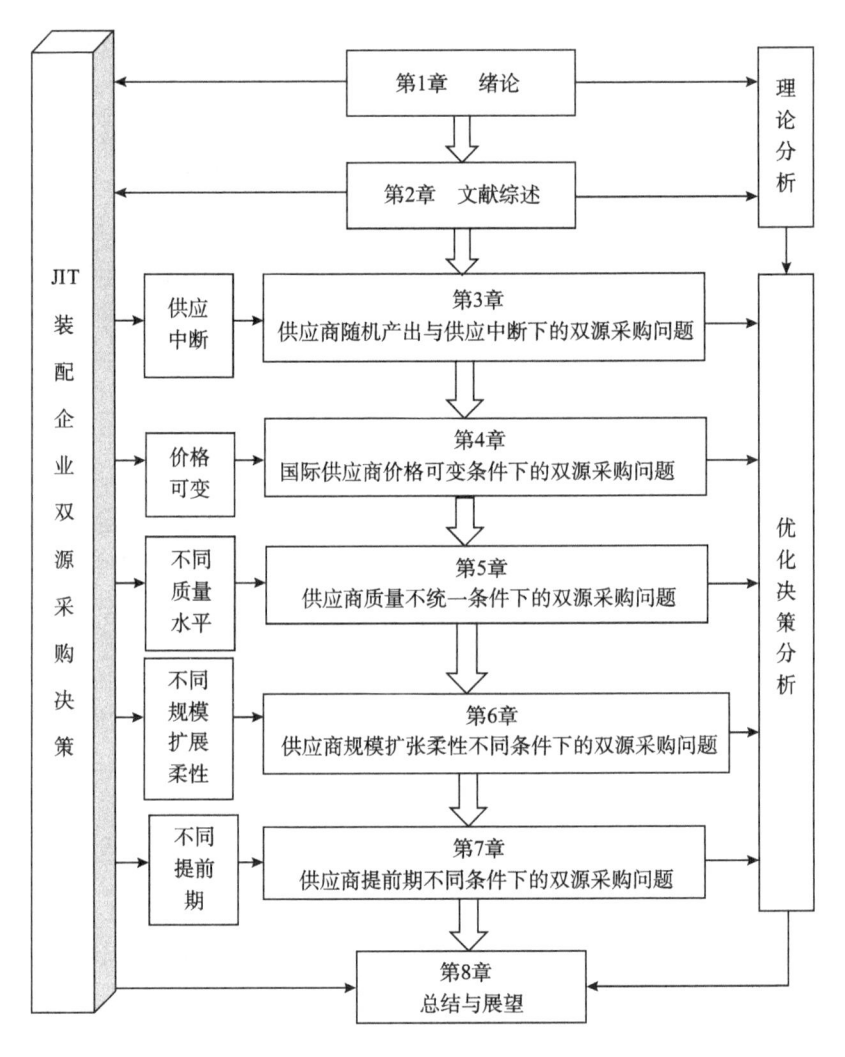

```
                    ┌─────────────────┐        ┌──────┐
              ┌────→│ 第1章  绪论      │←──────→│ 理    │
              │     └────────┬────────┘        │ 论    │
              │              ↓                  │ 分    │
              │     ┌─────────────────┐         │ 析    │
       ┌─────→│────→│ 第2章  文献综述  │←──────→│      │
       │      │     └────────┬────────┘        └──────┘
      JIT     │ ┌──────┐     ↓
      装      │ │供应  │   第3章
      配      ├→│中断  │→ 供应商随机产出与供应中断下的双源采购问题
      企      │ └──────┘     ↓
      业      │ ┌──────┐
      双      │ │价格  │   第4章
      源      ├→│可变  │→ 国际供应商价格可变条件下的双源采购问题 ←→ 优
      采      │ └──────┘     ↓                                    化
      购      │ ┌──────┐                                          决
      决      │ │不同  │                                          策
      策      │ │质量  │   第5章                                  分
              ├→│水平  │→ 供应商质量不统一条件下的双源采购问题 ←→ 析
              │ └──────┘     ↓
              │ ┌──────┐
              │ │不同  │
              │ │规模  │   第6章
              │ │扩展  │→ 供应商规模扩张柔性不同条件下的双源采购问题
              │ │柔性  │     ↓
              │ └──────┘
              │ ┌──────┐
              │ │不同  │
              │ │提前  │   第7章
              ├→│期    │→ 供应商提前期不同条件下的双源采购问题
              │ └──────┘     ↓
              │        ┌─────────────┐
              └───────→│ 第8章        │
                       │ 总结与展望   │
                       └─────────────┘
```

图 1-1　本书的结构

可靠、JIT 采购与生产、装配企业采购、双源采购等相关研究。

第 3 章针对供应商产出随机与供应中断的不同，建立了一个 JIT 装配企业向两个同时存在产出随机性和供应中断的供应商采购零部件的双源采购博弈模型，求解了 JIT 装配企业最优的订货决策与供应商最优的生产决策，并研究了供应商产出随机性因子与供应中断因子变化对 JIT 装配企业和供应商最优决策和最优利润的影响。研究发现两个供应商应该积极地降低自身的生产不确定性，因为一旦另一个供应商的产出随机性降低到一定程度，JIT 装配企业将只向产出随机性低的供应商采购零部件；同时 JIT 装配企业在选择供应商的过程中应该将风险中断作为一个重要的考察指标。

第 4 章面对随机的市场需求和随机的供应量，研究了一个 JIT 装配企业同时向一个海外供应商和一个本地供应商采购零部件的双源采购问题。海外供应商的市场价格随机波动，为了避免海外市场价格随机波动带来的影响，提出了 JIT 装配企业向海外供应商的可变采购价格策略，然后研究了在此可变价格策略下，JIT 装配企业向两个供应商最优的订货量，以及两个供应商的最优生产量，并分析了可变价格策略中参数对最优决策与最优利润的影响。

第 5 章针对两个供应商质量不统一的情况，建立了一个 JIT 装配企业对缺陷率高的供应商以缺陷率低的供应商为缺陷改善标杆的 JIT 装配企业缺陷改善双源采购模型。分别分析了 JIT 装配企业在先进行缺陷改善投资再进行订货决策和先进行订货决策后进行缺陷改善投资两种策略下 JIT 装配企业的最优订货量与供应商的最优生产量。研究发现，JIT 装配企业应该先对缺陷率高的供应商进行缺陷改善投资再决定最优的订货量。

第 6 章针对不同的供应商扩展生产规模的难度不同，提出了生产规模扩张柔性的概念，生产规模扩张柔性系数即为供应商初始单位生产成本与生产规模扩张单位生产成本之间的比值。建立了一个 JIT 装配企业向两个存在不同生产规模扩张柔性的供应商采购的双源采购模型，求解了 JIT 装配企业最优的采购决策与供应商最优的生产决策。研究发现，当供应商的生产量超过其初始生产规模的概率大于生产规模扩张柔性时，供应商的初始生产规模越大越好；当供应商的生产量超过初始生产规模的概率小于其生产规模扩张柔性时，供应商的初始生产规模越小越好。

第 7 章基于两个供应商提前期不同的情况，研究了一个 JIT 装配企业同时向一个提前期长但价格便宜的海外供应商和一个提前期短但价格贵的本地供应商采购零部件的双源采购问题。在假设市场需求满足正态分布的情况下，提出了 JIT 装配企业的平滑采购策略，即当期订购量跟上期订购量和本期市场需求量相关，以 JIT 装配企业期望平均成本最低为目标，研究了 JIT 装配企业采用单源采购、双源采购需要满足的条件，然后在 JIT 装配企业存放空间有限，同时将自身容纳不下的零部件存放在第三方物流公司处的情况下，研究了 JIT 装配企业存放空间有限条件下最优的双源采购问题，求解了使 JIT 装配企业期望平均成本最低的平滑采购系数和最优的初始存放空间。

第8章为全书的总结与展望。本章对全书的研究内容进行了总结分析，并提出了未来可研究的方向。

1.3 本书的创新点

尽管市场需求不确定与供应量不确定在现实中非常普遍地存在，但在很多的研究中却很少同时考虑，本书同时考虑了供应量的不确定性与市场需求的不确定性，让研究模型更加贴近现实情况。本书的主要创新点有：

创新点1：论证了供应商产出不确定这种内部风险和供应中断这种外部风险对双源采购决策的不同影响。

以往的研究将产出不确定与供应中断归为同样的不确定性因素，但是产出不确定可以通过供应商改善自身的生产条件、提高管理能力和生产技术等方式降低。但供应中断是供应系统外部条件造成的，供应商对此无能为力。基于此，本书通过研究一个JIT装配企业向两个存在产出不确定和供应中断可能性的供应商采购零部件的双源采购问题，发现JIT装配企业应该不断对两个供应商进行产出不确定性改善，然后淘汰产出不确定性高的供应商，同时引入新的供应商，如此反复；同时JIT装配企业在选择供应商的过程中应该将供应中断作为一个重要的参考指标。

创新点2：在JIT装配企业面临国际市场价格风险下的双源采购中，提出了JIT装配企业对海外供应商采用的可变价格策略。

现有文献大多假设采购价格固定，由于国际市场价格波动性大，固定采购价格对双方来说都存在风险。为了弥补以往研究的不足，在供应与需求均随机的情况下，本书针对海外市场价格随机的情况，构建了一个JIT装配企业向一个海外供应商采用可变价格策略和一个本地供应商采取固定价格策略的双源采购斯坦伯格博弈模型，研究结果表明JIT装配企业对海外供应商的可变价格策略可以降低海外市场价格变化风险。

创新点3：针对JIT装配企业双源采购过程中两个供应商质量不统一的情况，提出了JIT装配企业对缺陷率高的供应商以缺陷率低的供应商为缺陷改善标杆的缺陷改善策略。

在JIT装配企业双源采购的过程中，难免会出现两个供应商供应质量不统一的情况，但现有研究主要集中在不同零部件供应商供应不同零部件之间的协调与决策问题，很少有文献研究双供应商供应相同零部件的质量管理问题，更少研究涉及质量投资用于解决双源采购中的质量统一问题。为了弥补现有研究的不足，本书研究了在供需不确定情况下，一个JIT装配企业向两个质量水平不同的供应商采购相同零部件的双源采购问题。假设JIT装配企业对缺陷率高的供应商以缺陷率低的供应商质量水平为标杆进行缺陷改善投资，分别研究JIT装配企业在先进行缺陷改善投资后进行订货决策与缺陷改善投资和订货同时决策两种情况下，JIT装配企业最优的订货决策和供应商最优的生产决策。研究表明，JIT装配企业最优的策略是先进行缺陷改善投资再订货。

创新点4：针对不同供应商具有不同规模扩张柔性的情况，解决了JIT装配企业向两个规模扩张柔性不同供应商双源采购的最优决策问题。

以往的研究总是假设供应商存在一定的生产规模限制，但没有考虑供应商生产规模可以付出成本扩张的情况。本书研究两个具有不同生产规模扩张柔性的供应商向一个JIT装配企业供应相同零部件的双源采购问题。首先分析了生产规模扩张柔性对供应商最优决策的影响，然后获得了JIT装配企业向两个存在不同生产规模扩张柔性的供应商的最优采购决策，最后研究了供应商生产规模扩张柔性对自身以及JIT装配企业最优决策的影响。研究表明规模扩张柔性不仅影响供应商的决策，也影响JIT装配企业的决策。

创新点5：针对固定采购量应对随机市场需求的不足，提出了JIT装配企业的平滑采购策略，并证明了在此策略下JIT装配企业向两个提前期不同的供应商双源采购时相关变量的性质，并求解了最优初始存放空间与最优平滑采购系数。

平滑策略在预测与风险管理方面得到了很多应用，但在采购中应用很少。在市场需求满足正态分布的情况下，提出了JIT装配企业同时向两个供应商采用平滑采购策略，即当期订购量与上期订购量和本期市场需求量相关。考虑JIT装配企业存放空间无限的条件下，研究了一个JIT装配企业同时向一个提前期长但价格便宜的海外供应商和一个提前期短但价格昂贵的本地供应商采购零部件的双源采购问题。以JIT装配企业期望平均成本最低为目标，证明了JIT装配企业采用双源采购最优，且JIT装配企业分配给两个供应商的订购量与 JIT 装配企业的库存均满足正态分布。在 JIT 装配企业存放空间有限的条件下，求解了 JIT 装配企业最优的平滑采购系数和最优的初始库存空间。此部分研究不仅提出了平滑采购策略，且将调研中发现的 JIT 装配企业在存储空间不足时，将自身存储不了的零部件托管给第三方物流公司管理的情况考虑到模型中，研究联系实际，解决了实际中存在的现实问题。

第 2 章 文献综述

与本研究相关的文献主要包括供应不可靠、JIT 采购与生产、装配企业采购和双源采购等相关研究,以下将对这几类文献进行分析。

2.1 供应不可靠相关研究

不可靠性主要具有无序、或然、模糊的近似等属性。Milliken（1987）主要界定了三种不可靠性：效果、状态、响应不可靠性。Small 等（1996）认为完全消除不可靠性是不可能的，企业最多也就是控制不可靠性。Prater 等（2001）认为企业单纯地追求敏捷性是不明智的，因为敏捷性的提高会带来更大的不可靠性，因此企业需要在敏捷性与不可靠性之间找到一个平衡点。随着信息技术的发展，对不可靠性的降低是有一定帮助的，但仍然存在一些不可抗拒的不可靠性，因此如何采用一定的生产技术或者管理手段降低不可靠性仍然是一个亟须解决的问题。

随着经济全球化的加剧，各家企业都在整合全球资源，跨国采购以及多源采购成为企业共同的选择。这样的发展让采购面临更多的不可靠因素，导致供应不可靠已成为常态。罢工或者金融破产会让供应商运营终止（Babich，2010），同时供应商也经常受到一些突发事件的影响，如火灾、自然灾害等，这些扰乱会让供应商难以按时完成订单，造成订单全部或者部分延误，给采购商带来非常严重的影响（Milne，2009）。如 1997 年，丰田生产线就因为其单一供应源惨遭火灾而不得不关闭两周（Babich，2010）。美国 2004 年秋季产生了严重的流感疫苗短缺，短缺的主要原因在于流感疫苗的生产商美国凯龙疫苗公司（Chiron）其唯一的供应商遭受了细菌污染，这次疫苗的短缺导致美国不得不控制疫苗的配给，很多州疫苗价格暴涨（Pearson，2004）。Hendricks 等（2009）研究美国一些上市公司在1989—2000年的股票价格发现，不正常的股票下滑有40%以上是由于供应中断造成的。

2.1.1　产出不确定

在最开始的订货决策研究中，主要考虑需求不确定，但供应是确定的，主要的决策变量是最优订货量，决策目标是使企业在随机的市场需求下还能获得最大的利润，此时的研究主要集中在采用各种协调机制消除需求的不确定性，如Cachon等（2003）的研究。但随着供应链的国际化与外包生产的流行，供应商生产的不确定性与供应风险增加，使得供应不确定性即供应商的供货量小于订货量的情况越发常见，尤其在芯片和平板显示器的供应过程中，供应量不足是常事。还有一些特殊的商品，如采用冷链物流运输新鲜的水果、药品等，运输过程中的损坏量很可观，因此这些物品的供应不确定是常事。

供应商产出不确定指的是供应商由于自身生产工艺存在缺陷，生产过程质量把控不严格等造成的实际生产量与有效产量存在一定的差距，同时产能不确定主要指的是生产能力存在一定的限制（Hatch，Mowery，1998）。无论是产出不确定还是产能不确定产生的结果都使供应商不能百分百地按照采购商的订货量交货，但是两者的主要区别是，产出不确定时给采购商的交货量与采购商的订货量成一定比例，但产能不确定时的交货量是采购商订货量和供应商产能的较小值。产出不确定使得JIT装配企业在采购过程中的库存管理变得相当困难，因此欧洲一些大型的代工厂（OEM）采购商宁愿从当地反应快、风险小但价格贵的本地供应商处采购，也不愿意从价格低但风险高的海外供应商处采购。

供应商产出不确定按产出率的不同主要被学者分为三类，第一类是产出率服从二项分布（Inderfurth，Kiesmüller，2015）；第二类是产出率为随机变量，即最终的有效产出率始终是生产量的一定概率，且这个概率是随机的（Huh，Nagarajan，2010）；第三类产出率满足0~1的马尔科夫转移性质，即一段时间产出品完美，一旦机器出现故障，之后的所有产品均为不合格品（Henig，Gerchak，1994）。

供应商产出的不确定性在很多的行业都存在。如农业中由于天气变化导致的玉米产出（Jones et al.，2001）。医药行业中由于生产特殊药品过程中需要冷冻等特殊处理，故常常由于处理不当而造成药品失效，导致最终有效药品数量不确定（Kazaz，2004）。电子行业常常由于生产过程要求太高、现实中生产条件难以满足而造成电子芯片不合格，所以一般在半导体行业，产品的有效产出率经常很低（Nahmias，Olsen，2015）。

关于产出不确定的相关研究也有学者进行了详细的文献综述（Yano，Lee，1995）。在需求和供应均不确定的情况下，Gerchakd 等（1988）研究了一个定期检查的生产系统的库存问题，研究发现供应的随机性不会影响订货点，但是订货策略会改变，全书提出了新的订货策略。Henig 等（1990）进一步研究了需求和供应均不确定情况下的库存问题，但是增加了更多的假设，研究也证明同样存在最优的库存策略。Gerchak 等（1994）研究了装配系统在供应随机情况下的最优库存问题，建立了装配零部件产量相互独立和装配零部件产量相互关联的两个模型，并研究了装配系统最优的库存决策。在产出满足伯努利分布和二项分布的情况下，Gerchak（1992）研究了延后订货和存在销售损失时，最优的库存订货点和订货量问题。在生产能力存在限制，产量和市场需求均随机的情况下，Wang 等（1996）研究了花费最小的库存策略，研究将这样的问题看成随机动态问题，求解了最优的库存策略。在装配系统面临随机消费市场和随机供应时，He 等（2008）提出了风险分担合同以协调一个销售商和一个供应商组成的供应链，研究发现不确定有时可以降低供应链的双边效应。Güler 等（2009）提出了两种合同协调分散的装配系统。Li 等（2009）研究了供应商产出满足一般分布时对整个供应链和零售商的影响，研究发现供应商产出不确定会削弱零售商和整个供应链的价值。

当供应商产出满足不确定性时，供应链的协调问题也引起很多学者的研究。Gumani 和 Gerchak（2007）研究了在供应商产出不确定条件下，供应商协调的最优策略，并在此协调策略下获得了零售商最好的订货策略和对供应商的惩罚策略。Kelle 等（2009）在供应链充分沟通和协调的情况下，研究了供应商产出不确定对供应商最优发货策略和零售商最优订货策略的影响。

也有学者研究了供应商产出不确定对社会的影响，如 Deo 等（2009）由美国传染病毒疫苗需求和供应的不匹配事件出发，采用古诺竞争博弈模型研究了供货商供货不足，且有别的竞争者进入时，供应商随机产出对社会总效益、消费者剩余的影响，研究发现供应商的供应不确定性吸引了更多的消费者进入，但同时供应商的产出不确定性也降低了消费者剩余。Gupta 和 Cooper（2005）研究发现供应商产出不确定性的升高对装配企业的影响很不稳定，主要原因在于供应商在分销开始时，已经充分考虑到了自身的产出不确定性。在汽车装配零部件的再制造过程中，Bakal 等（2006）研究了产出不确定性对闭环供应链整体的影响。

当面临一个竞争性供应商和一个非竞争性供应商时，Cheng 等（2015）研究发现代工厂（OEM）总是希望双源采购，但是更喜欢存在生产不确定性的非竞争性供应商，但是非竞争性供应商的生产技术达到一定程度时将不会再有改进的动力。在供应不确定的情况下，Käki 等（2015）研究了需求与供应相互依赖下的报童模型。

在供应不确定的情况下，Fang 等（2015）研究了两条存在古诺竞争的供应链最优的均衡决策，研究发现当对方供应不确定性更高或者自身的供应更加可靠时，零售商订货会更多，研究也发现供应链集中决策是一种占优策略。

在市场需求和供应不确定的情况下，Baruah 等（2016）研究了买方根据需求信息更新订货量的采购策略，研究发现供应商与采购商分享自身库存水平很重要。Begen 等（2016）研究为了降低供应不确定和需求不确定而花费的成本之间的差异，研究发现当短缺引起的成本高或者销售获益很高的情况下，降低供应不确定的花费比降低需求不确定的花费更高。

2.1.2 双源或多源采购下的供应不确定

在双源甚至多源采购中，两个甚至多个供应商都可能存在供应不确定，两个以上供应商供应不确定条件下的供应商选择、订货策略以及协调引起很多学者的研究。

供需不确定条件下的供应商选择问题也很关键，Yang 等（2007）设计了一种非常有效的算法求解最优的供应商选择问题。Babich 等（2007）研究了多个供应商产出相关时，供应商之间竞争行为对零售商订货的影响，研究发现供应商之间产出相关性越高，他们之间的竞争越强烈，但竞争越强烈，均衡的采购价格就会越高。Federgruen 和 Yang（2009）研究了一个销售商必须同时向多个生产量不确定的供应商订购销售产品时，最优的供应商选择和最优的采购量分配问题，研究中以采购花费成本最低和销售服务水平最高为决策目标。在零售商存在风险厌恶的情况下，Giri（2011）研究了一个零售商向一个价格高但可靠的供应商和一个价格低但产量不确定的供应商采购销售需要的产品，论文建立了单周期单产品库存模型，求解了零售商最优的向两个供应商的订货量，研究发现零售商风险厌恶情况下的双源采购不同于风险中性情况下的双源采购。

考虑供应商不确定产出独立和供应商不确定相互关联两种情况下，Yan 等（2012）研究了一个零售商向多个产出不确定的供应商采购产品的多源采购问题，比较分析了以上两种供应商产出不确定情况下零售商的最优决策。研究发现，当供应商的生产不确定性相互独立时，零售商主要以供应商的供应价格为选择供应商的主要参考因素，但当供应商的生产不确定性相互独立时，供应商的供应价格将不再是主要的参考因素。

也有不少学者采用博弈论研究了不同的不确定供应模型下最优的供应链协调契约问题。在供需不确定的情况下，Güler 等（2009）证明了一个供应商和一个采购商组成的供应链存在最优利润，并采用混合协调契约协调了整个供应链。单一的供应商存在一定的风险，因此应急供应商与备份供应商的存在降低了采购风险的存在，不少文章研究了多种供应模式下的采购问题。如采用一个主供应商和一个应急供应商的模式中，He 等（2008）研究了一个零售商和一个随机产出的供应商组成的供应链，采用风险分享合同协调整个供应链，证明了供应商产出不确定不仅会影响供应商的生产决策，也会影响供应链整体的行为，同时研究也发现供应商生产的不确定性会降低供应链的双边际效应。

当产品存在二手市场的情况时，He 等（2010）扩展了以上的模型，研究发现二手市场可以增加整个供应链的利润，而供应商生产不确定性对供应链的影响主要取决于各个成本参数和协调契约的形式。当采购商面临供需随机的情况时，Xu（2010）研究了一个零售商可以在销售开始时向供应商采购期权订单，且在销售时购买紧急订单两种采购策略下最优的采购量分配问题，研究发现期权契约的存在可以给整个供应链带来更多的收益。当一个生产量随机的装配企业同时向两个面临销售市场随机且彼此竞争的零售商供货时，Lin 和 Parlaktürk（2012）研究了两个零售商在销售开始之前订货，同时装配企业也可以选择向其中一个零售商或两个零售商提供市场需求发生之后的紧急订货机会，研究发现：当市场需求变化很大时，装配企业向其中一个零售商提供紧急订货机会是最优策略；当需求变化不大时，装配企业同时向两个零售商或不向任何零售商提供紧急订货机会是最优策略。也有文献显示，当零售商之间存在竞争时，零售商会首先考虑装配企业给他们的分销价格，而不是装配企业的响应速度（Wang et al.，2014）。

还有一些研究集中在采用双源采购或者风险对冲的方式减轻供应不确定性，如 Babich 等（2007）研究了多个采购源应对供应风险的价值。Federgruen 和 Yang（2009）研究发现采用供应多源化策略能最小化供应短缺的风险。Wang 等（2010）研究了采购商对供应商进行供应不确定性改进来降低供应不确定性的采购问题。在产出不确定和中断两种情况下，Schmitt 等（2012）研究了无限时间内最优的库存策略，研究证明以往的研究都低估了供应风险的存在。Li 等（2012）对以往在随机产出下的供应链相关研究进行了文献综述，总结了在以往文献中表示产出不确定的方式。在市场需求随机且产出满足二项分布和伯努利分布的情况下，Inderfurth 等（2015）研究了采用固定线性通货膨胀策略进行订货，即订货数量由产出浮动因素控制时，研究用马尔科夫过程以最低平均持有成本为目标求解了最优的库存策略。

在存在供应风险的情况下，何青等（2016）研究了供应商可以同时努力改善生产不确定性和生产成本时的供应链决策问题，建立了斯坦伯格和讨价还价的博弈模型，研究发现当制造商具有一定的谈判能力时，更倾向于讨价还价的模式。当两个零售商存在古诺竞争时，罗军等（2016）研究了由一个零售商和一个供应量不确定的供应商组成的供应链，分别研究了单源供应与双源供应下的决策模型，研究发现零售商采用双源采购最受益的是消费者，零售商不一定受益。

2.2 JIT 采购与生产相关研究

日本丰田企业持续改善其生产系统的管理过程，被称为 JIT 生产（Womack et al.，1991）。

Ballou（1992）认为 JIT 就是整个的运营渠道同时反映市场需求与运营需求。JIT 生产一定要与 JIT 采购相结合（Haln et al.，1983；Schonberger, Ansari，1984）。JIT生产模式下的采购是一种拉动式采购，根据生产计算需求的物料进行采购，然后要求物料按时按量到达生产企业，实现零库存，大大降低生产的时间与库存成本。JIT生产要求供应商具有高的质量、时间、数量等供应可靠性，因为JIT生产下采购的零部件会直接投入生产。JIT采购的主要特点在于使用较少的供应商，交货要求准时、质量高、信息完全共享（冯文龙，2007）。Vickery等（1989）认为JIT生产下的国际采购可以降低生产浪费。在JIT采购模型中，Hong等（1992）分别研究了多源采购与单源采购问题。Richard等（1999）研究了美国JIT生产模式在大型企业与小型企业实施中的不同，文章采用了10个JIT生产管理指标衡量JIT制造的成效。Alles等（2000）研究了信息和激励在JIT生产过程中对库存成本的影响，研究采用全世界116家工厂的数据证明了文章提出的信息和激励可以通过提高生产过程的可靠性、产品的质量和花费成本等减少企业的库存。Yan等（2001）采用实证的方法研究发现供应商采用JIT生产技术也能从JIT采购中获得很大的收益。Wu等（2005）弥补了以往研究JIT最优订货评价模型中忽略一些重要成本参数的情况，同时研究中还采用重庆和新加坡的现实数据来证明文章中提出模型的有效性。Kojima等（2008）在JIT看板管理的思想下，基于随机需求和确定生产时间等假设条件，采用离散的马尔科夫过程改善了原来的库存策略，研究显示在此策略下总的库存成本更低。Dinsdale等（2015）根据历史数据研究了英国现在JIT生产供应链的优势、缺点与发展的限制。Chen和Sarker（2015）研究了JIT生产模式下，多阶段供应链最优的产品定价与生产量问题。

对JIT库存的相关研究也有很多，De和Yamamoto（1999）通过对日本8家公司案例的研究证明，尽管JIT生产追求零库存，但是不可能真正实现零库存的目标，因为影响库存的因素太多了。Banerjee和Kim（1995）提出了一种整合的JIT库存模型。在几个供应链组成的JIT库存模型中，Chiu和Huang（2003）提出了时间缓冲和紧急拆借策略解决由于随机提前期引起的JIT库存中出现的短缺问题。Mazanai（2012）比较分析了JIT库存理论在日本和美国应用的不同。Lou等（2015）研究了JIT库存管理思想在新的EDI（Electronic Data Interchange）技术下对台湾电子产业的影响。

国内对JIT生产下的相关研究主要有：谌述勇等（1998）首先对中国JIT生产模式下装配企业与零售商之间的关系进行了探讨。张翠华等（2006）研究了JIT生产模式下采购订单的分配问题。李昆鹏等（2008）研究了JIT生产模式下，第三方物流负责配送时最优的运输调度问题。杜鹏等（2008）研究了JIT环境下供应商与装配企业的采购模型，研究发现综合考虑两者利益的采购模型最优。宁浪等（2014）对JIT生产下零部件货位进行了优化研究。

本书中装配企业采用JIT生产方式，即零部件即到即用，整个生产与采购过程追求JIT基本思想：在合适的时间装配生产需要的产品。以上分析表明，尽管JIT生产由来已久，且JIT生产对物流的要求很高，但是对JIT生产环境下，采购的不可靠性研究却很少，因此对JIT生产模式下供应不可靠性的采购问题研究非常有必要。

2.3 装配企业采购相关研究

本书的研究主体是装配企业，零部件的采购与库存管理是装配企业最为重要的环节。装配企业主要的生产模式是将不同地区不同企业生产的零部件进行组装，这样的生产在汽车、飞机、电子产品等行业中非常常见。装配生产中最为关键的一步就是将各种零部件从不同地区的零部件供应商处采购回来，由于零部件种类繁多，零部件供应商也各式各样，导致这个过程相当复杂，装配企业与零部件供应商也容易形成双重边际效应。对装配企业的研究有很大一部分的文献集中在对分散式的装配企业和零部件供应商之间的协调上。如Zou等（2008）提出回购合同协调分散的装配系统；Gurnani和Gerchak（2007）采用对表现差的供应商进行惩罚的策略协调装配系统；Guan等（2015）采用混合的拉式和推式合同协调一个分散的装配系统，比较了拉式、推式和混合式协调合同协调装配系统的优劣；同时，Granot和Yin（2008）研究了一家装配企业同时从两个采用推式和拉式合同供货的供应商处采购互补零部件的装配系统，研究发现在推式合同采购下，短视的供应商将不会采取同盟的方式，从而使整个系统协调无效，在拉式合同下，整个装配系统很容易实现协同。

与装配企业采购相关的研究还有：Fang和Wang（2008）研究了一个装配企业向多个独立的零部件供应商采购零部件装配生产产品销售给消费者的装配系统，此系统中产品的价格与装配企业提供产品的提前期有关，在需求不确定的情况下，文章提出了有效的合同策略协调整个的装配系统。Mohebbi和

Choobineh（2005）研究证明装配系统采用通用的零部件可以很显著地帮助装配企业应对市场需求和供应的随机性。Hsu 等（2006）研究了装配最终产品价格与提前期相关的装配系统最优的采购库存策略，同时也研究了供应商在只能完全提供供货数量与可以提供部分供货数量两种情况下装配系统的最优采购库存决策。Chauhan 等（2009）研究了一个装配系统给消费者供应产品的提前期已知，但各个供应商的提前期不可知情况下，最优的零部件采购问题，以最低的期望平均成本为目标求解了对每个供应商最优的订货时间。Bollapragada 等（2015）在需求和供应均随机的情况下，采用线性随机规划模型求解了最优的装配系统采购零部件的问题。Mukherjee（2016）提出了采购延迟的概念，即在装配系统采购的过程中，为了降低整体的成本、碳排放量等目标，将采购量延迟，文章求解了在需求不确定情况下，以碳排放量和供应可靠性等为目标的装配系统最优采购策略。Cao 和 So（2016）研究了市场需求信息更新在市场需求随机的情况下对装配系统采购的影响。Pan 和 So（2016）研究了在需求不确定情况下装配企业最优的采购策略。

2.4 双源采购相关研究

2.4.1 供应中断下的双源采购

供应中断是采购中最为常见的不可靠因素，因为供应中断造成采购的商品全部不能按时到达，所以影响相当严重。Johnson（2007）采用玩具生产和小汽车生产的案例研究了制造商采用全球双源采购应对供应风险且获得低成本的战略。全球采购为采购商带来很多好处，同时也带来了很多采购风险，Christopher 等（2011）研究了采购商面临全球采购过程中可以采取的应对措施，研究将风险分为供应风险、过程和控制风险、环境和可持续发展的风险与需求风险。

也有很多关于双源采购与风险管理的研究。如 Eleftherios 等（2010）研究了双源采购且每个供应商存在中断风险下，装配企业最优的订货策略，国内学者张文杰等的研究也类似（张文杰，骆建文，2013）。Lu 等（2011）研究了存在随机供应能力损失和产品替代风险下的双源采购决策问题。Silbermayr 等

（2014）在需求满足泊松分布时，研究了存在扰乱风险的多源供应库存问题，采用了半马尔科夫决策过程，以采购商长期平均成本最低为目标。Shu 等（2015）研究了一个分销商向一个供货中断风险高但价格便宜的装配企业和一个供货中断风险低但价格昂贵的装配企业采购原材料的供应链模型，采用期权和回购契约协调整个供应链。

当采购商可以同时采用双源采购策略和备份生产两种方式应对中断风险时，Huang 等（2015）研究了采购商采取双源采购策略还是备份生产策略最优的条件，研究发现，当备份生产的成本很低的情况下，双源采购策略和备份生产策略可以互补。汪传旭等（2015）考虑有两个供应商与两个零售商组成的两级供应链，且供应商存在一定的中断可能性，同时零售商之间在缺货时可以相互转运下的最优转运策略，分析了采用相互转运、单向转运与不转运三种策略下零售商与供应商的最优策略。在买方或者卖方努力可以改善供应可靠性也可以降低生产成本时，黄河等（2015）建立了装配企业努力和供应商努力的两阶段动态决策模型，得到了供应链成员最优的决策。朱传波等（2013）认为双源采购与供应商的可靠性改善是企业用来缓解风险的有效策略，文章采用随机产出模型刻画了企业在双源采购和可靠性改善两种策略同时存在的情况下，企业最优的订货与可靠性改善投资决策。李新军等（2014）研究了装配企业采用双源采购策略，且供应商存在供应中断情况下最优的订货决策，然后采用协调机制协调了整个供应链。张文杰等（2013）研究了风险中断情况下双源采购的最优订货与期望利润问题，研究表明双源采购优于单源采购，但只研究了销售量与质量有关系的确定需求模型，没有考虑需求随机的情况。对风险规避的零售商与一个占主导地位的零售商组成的两级供应链，罗美玲等（2012）研究了零售商可以从一个现货市场和期权销售市场采购的双源采购供应链协调问题。

面对供应商可能隐瞒供应中断的情况，Yang 等（2012）提出了最优的双源采购合同解决这样的问题。在供应存在中断的情况下，Sawik（2014）比较研究了双源采购与单源采购的优劣，模型采用多限制整数规划的方法，同时考虑了零部件采购成本最低与顾客服务水平最高两个目标。

在面临供应中断风险的情况下，Yu 等（2009）研究了供应中断对采购商选择单源采购和双源采购的影响。李景峰等（2014）采用系统仿真的方法研究了需求随机且供应中断下存在备份供应的采购模型，但研究中涉及两个供应商和一个零售商组成的系统。

在双源采购模式下，Xanthopoulos等（2012）分别在不存在服务限制和存在服务限制的情况下，采用报童模型研究了存在中断风险时的单期库存问题。Fabian等（2010）基于供应能力和顾客需求存在联合分布的情况，研究了战略供应商和备份供应商的最优订货量，并分别分析了备份供应商在自愿加入和强制约束情况下的契约定价管理问题，研究发现，供应商同质性程度越高，双源采购在应对供应中断风险方面的效果越明显。当一个采购商同时从一个固定成本可以忽略但是可变成本很高的供应商和一个可变成本很低但固定成本很高且存在生产能力限制的供应商采购时，Zhang等（2012）研究了在一定限制条件下的最优库存策略，但当以上假设条件不满足时同样存在最优库存策略。

在有或者无服务水平限制的条件下，Zhu等（2013）研究了两个供应商都存在风险中断可能性的双源采购问题，文章证明了应急措施在风险管理中的价值。Silbermayr等（2016）权衡了双源采购在应对突发事件时的好处，与损失的单源采购规模效应而带来的采购成本减小的坏处，得到了在动态的环境下，装配企业最优的采购策略。在考虑采购商在风险中性和风险厌恶的情况下，Ray等（2016）研究了需求和供应均不确定情况下采购商最优的双源采购策略。

2.4.2　可变价格下的双源采购

不少文献研究了可变价格下的采购问题，Xia等（2009）研究了采购价格满足离散的马尔科夫过程，同时需求满足复合泊松分布时的采购问题，且以成本最小为目标建立了模型，求解了最优的采购量。Minner等（2009）研究了原材料价格随时间浮动情况下最优的采购策略。Gilland等（2010）研究了采购价格随着时间减少的单产品采购最小费用问题。Reiner等（2014）研究了同时考虑变化的市场价格、运输方式、采购合同情况下最优的采购决策问题。郑惠莉等（2003）研究了需求与采购的价格均随着时间变化的EOQ模型，提出了新的算法求解最优的采购次数与服务水平。戴相全等（2008）在采购价格不确定，且装配企业在未来多期采购价格预测的基础上，以最低的成本为目标建立了最优采购模型，求解了每一期最优的采购数量。胡雄鹰等（2008）求解了价格随季节性变化的产品采购策略，研究发现当采购价格波动大到一定程度时，现有的确定价格策略将不再是最优的采购策略。王丽梅等（2012）研究了需求价格相关商品采用传统退货契约与现货购买两种采购源的双源采购问题。田军等（2013）研究了基于期权契约下政府采购应急物资的双源采购模型。

2.4.3 供应商质量管理和生产能力限制下的双源采购

供应商质量问题也是装配企业采购面临的重要不可靠因素，因为装配企业采购零部件的质量直接影响装配企业最终产品的质量。Lyon（2006）研究发现，只有在很好地控制供应商质量的基础上，采用双源采购才能使得采购成本降低。在一个采购商同时向两个竞争的供应商采购的双源采购模型中，Wu 等（2011）研究了供应商向采购商分享自己的质量信息和不分享质量信息时采购商与供应商的利润，研究发现供应商分享自身的质量信息总是可以给采购商带来价值，但是供应商是否分享自身的质量信息取决于自身的质量水平和价格水平。

供应商生产能力存在限制，也是影响双源采购的一个关键因素，关于供应商生产能力限制条件下的双源采购问题研究也很多。Veeraraghavan 等（2008）研究了存在供应能力限制条件下的最优双源采购库存策略，同时发现双源采购确实可以在政府采购中降低采购成本。Shin 等（2009）研究表明在不考虑采购产品质量和交货准时性时，单源采购是最节约成本的一种采购方式，案例表明单源采购在供应商质量变化很小的情况下才有效。Iakovou 等（2010）研究了在全球化双源采购中，存在能力限制和不存在能力限制条件下最优的双源采购库存策略使得风险中断的可能性最低。Chen 等（2012）研究了半导体行业在双源供货期权采购模式下最优的能力计划库存问题。采用期权购买生产能力的情况下，Inderfurth 等（2013）研究了一个从采用随机价格现货市场和固定价格国外市场采购的装配企业最优的采购量分配问题。

2.4.4 提前期不确定下的双源采购

很多学者研究了提前期不确定情况下的双源采购问题。采购商在供应商提前期不确定时因为害怕缺货会增加安全库存，从而增加采购商的库存成本，

Ramasesh（1991）的研究表明采购商同时从两个提前期不同的供应商处采购可以降低库存成本，双源采购是解决采购不确定性的有效方法。当需求满足泊松分布时，Moinzadeh 等（1991）研究了一个制造商向两个有确定提前期的供应商采购的库存模型。将提前期作为一个决策变量时，Ben–Daya 等（1994）研究了将提前期和订货量作为决策变量时最优的库存管理问题。Ouyang 等（1996）扩展了 Ben–Daya 等的模型，研究了允许缺货，提前期也可变情况下的最优库存管理问题。Liao 等（1991）研究了需求满足正态分布的情况下，生产企业最优的提前期如何决策的问题。当需求为正态分布时，Fong 等（2000）研究了供应商提前期满足混合拉格朗日分布时的最优双源供货库存模型。Scheller（2007）研究的模型与以往模型相似，但仅考虑了正常的库存情况，在紧急情况下的库存少于库存最低值时才会启动紧急供货模式，他的研究发现这样的供货模式对于由两个提前期不同供应商供货的供货库存模式来说是最优策略。

到目前为止，任意提前期差异下的双源采购库存控制问题的最优解还没有得到，甚至是一般的库存控制策略的特殊条件都还没有得到，主要原因是这个问题的求解必须用到多维随机动态规划建模，而多维随机动态规划存在维数诅咒，最优解难以求解和刻画（Veeraraghavan，Scheller–Wolf，2008）。尽管如此，对提前期不确定下的相关问题研究已有很多。在供应商的提前期不确定的情况下，Ramasesh 等（1991）研究发现，双源采购可以降低库存的持有成本和缺货成本，文章假设市场需求固定，分别在提前期满足均匀分布和指数分布两种情况下，研究了最优的双源采购库存策略。在两个供应商的提前期没限制的条件下，Lau 等（1994）以每年总的持有量和订货成本最小为目标，求解了最优的双源采购问题。Cotteleer 等（2006）采用实证的方法证明了公司采用信息技术可以缩短订货提前期。在销售商存在自有存储空间和租赁存储空间两种库存成本模式下，Dey 等（2008）研究了市场需求随时间减少的易逝品在不同采购提前期条件下的最优库存管理问题。Song 等（2009）在双源供应商具有随机提前期时，研究了供应商从两个扩展到多个的库存问题。

当需求随机且提前期可变的情况下，Glock 等（2013）假设提前期与订货批量成线性关系，采用最优的（Q，s）库存管理模型研究了最优的订货点与最优的安全库存，模型中用多源采购的运营方法来降低供应风险。Fujimoto 等

(2014)研究了企业采用虚拟双源采购策略的效果,即出现供应中断时,可以迅速将供应商的生产能力在另外一个地方重新建设起来开始生产,这样的策略保证了供应链的竞争性与鲁棒性。

当两个供应商受到不同随机扰乱,且市场需求价格敏感时,Gong 等(2014)研究了一个销售商同时向两个供应商采购原材料的双源采购和最优定价问题。Janakiraman 等(2015)研究了一个提前期长但价格低的供应商与一个提前期短但价格高的供应商组成的双源供货模型,研究发现采购商采用价格低的供应商满足日常需求,价格高的供应商满足紧急需求为最优的采购策略。

当供应商拥有正的提前期且产出有效率满足二项分布时,Ju 等(2015)研究了一个零售商向一个质量完美但价格高的本地供应商和一个质量存在缺陷但价格低的海外供应商同时采购原材料的双源采购问题,提出了一种算法解决最优 DOP(Dual-index Orderup-to Policy)问题,并验证此算法可以得到最优解。在两个供应商都存在不同提前期的情况下,Hua 等(2015)采用函数的 L 重凸性求解了最优的双源采购策略,并证明此算法相比别的算法可以为采购商节约 1.02% 的采购成本。当两个供应商存在不同成本函数、不同的产出和提前期时,Zhu(2015)研究了一个装配企业同时向两个供应商采购原材料时最优的库存管理问题,研究中假设每期的需求相互独立,且缺货在下期可补充,研究找到了双源采购最优的动态库存策略。考虑质量改善和提前期可控的情况下,Jindal 等(2016)研究了存在缺货价格折扣情况下最优的库存管理问题,且以最小化成本为目标。

全球采购可以更加充分地利用全球资源,但是国际供应商的提前期一般都很长,且不是很固定,因此关于全球双源采购的文献也不少。Handfield 等(1994)对美国 97 家大公司的采购经理关于全球采购的战略、采购源的分配、供应商的评估等方面进行了调研,发现将供应商的选择与公司的战略联系起来评估国际采购源相当的重要。Nellore 等(2001)研究了全球采购和柔性生产之间的相互联系,研究发现复杂零部件精益生产模式下的装配企业采购不适合国际采购,主要是因为复杂性的精益生产前期需要非常密切的合作。Colicchia 等(2010)提出了一系列管理全球采购风险的方法,还采用现实案例验证了方法的有效性。Allon 等(2010)考虑了一个国内供应商和一个海外供应商组成的供应系统,建立同时考虑成本与反应效率的库存系统,且采用了新的算法求解。为了满足一个随机的需求市场，Allon 等（2010）采用不同组学生模拟了采用不同的采购策略同时从一个价格高但路程近的墨西哥和一个价格低但路程远的中国采购的双源采购问题，模拟中学生以银行账户额最大为目标。

2.4.5 其他情况下的双源采购问题

双源采购在实践中主要用来平衡价格和服务质量之间的关系，平衡产出不稳定，主要采用数学方法研究最优的采购策略（Zeng，1998）。Burke 等（2007）综合考虑了供应商产品的价格、供应商的生产成本、历史可靠性以及企业具体的库存成本等，建立模型证明双源采购是最优策略。Veeraraghavan 等（2008）提出的 DOP 算法求解结果接近了充分退货情况下的双源采购库存最优值。Kristianto 等（2009）研究发现采购商鼓励供应商创新会让采购成本更高，但采购商的最优策略仍然是设计机制鼓励供应商创新的同时也对供应商没有按时到货的行为进行惩罚。考虑供应商的学习效应，Glock 和 Ries（2012）研究了面对同时存在学习效应的两个供应商选择双源采购还是单源采购的供应商选择问题，研究发现不应该只选择学习效应最强的供应商。

在供应商存在不同交付柔性的情况下，Glock（2012）以系统成本最低为目标研究了一个采购商同时向两个供应商采购的双源采购问题，研究发现交付柔性总是可以降低系统整体的成本。Chen 等（2012）也研究了半导体行业在双源供货期权采购模式下最优的能力计划库存问题。

也有不少学者研究了双源采购的条件。如 Anupindi 等（1993）提出了双源采购优于单源采购的条件。Tian 等（2011）研究了供应商在随机供应时，古诺竞争的两个零售商采用单源和双源采购的临界条件。Cheong 和 Song（2013）研究了供应商存在随机产出情况下，随机产出信息的价值，比较了供应商不同的产出信息对整个供应链利润的影响，还比较了所有产出信息已知与只知产出方差与均值情况下整个供应链利润之间的差距。Klosterhalfen 等（2014）研究了两个静态供应商采用担保方式为一个存在多级供应节点的装配企业供应原材料的最优库存策略。Csermely 等（2015）采用实验的方法研究了双源采购库存管理过程中的行为决策问题。

也有的双源采购基于紧急的现货市场采购与一个普通采购。Lee 等（2010）研究一个卖笔记本的书店向一个普通的供应商订购一般销售的笔记本，因为普通供应商提前期长但价格便宜，而向快速供货供应商订购快要缺货时需要的笔记本，因为快速供货供应商需要更快的运输方式等因素，价格更高。

考虑双源采购中运输过程对环境的影响，也就是海外供应商碳税问题时，Rosie等（2013）采用报童模型研究了一家公司同时向一个本地供应商和一个运输路程遥远的海外供应商采购的双源采购模型，研究发现碳税的存在确实会减少企业的运营收益，但不会降低两个供应商的竞争。Arıkan等（2014）研究了考虑运输过程中的碳排放限制情况下的双源采购库存问题。同时，Shaw等（2016）也考虑了碳排放情况下的双源采购选择问题，文章采用混合整数的多产品双源采购模型求解最优的双源采购选择问题。

国内其他研究双源采购的文献还有：马士华等（2010）研究了双产出随机供应商，单装配商组成的生产供应系统最优的订货生产决策，采用风险分担的协调契约协调供应链。李果等（2012）对不确定交货条件下基于双供应商—单装配企业的库存优化与协调决策做了系统的研究综述，综述认为以往的研究主要关注需求的不确定性，极少关注供应的不确定性，但供应链下游供应的不确定也严重影响供应链性能。李彬等（2014）研究了单材料双源采购商基于鲁棒性的多周期采购模型。面对一个不可靠但价格便宜的海外供应商和一个可靠但价格贵的本地供应商，Sting等（2012）比较了单源采购和双源采购，研究发现在供需随机的情况下采用反应速度快的采购源更好。

在JIT装配生产中，要求物料准时到达，但是由于供应商的产出不确定，造成装配企业面对产出不确定下的供应商而采取的库存和采购策略尤其重要。因此也有很多的学者采用报童模型对双源采购进行了研究。在市场需求随机的情况下，Tomlin等（2005）采用报童模型研究了一个销售商同时向两个供应商采购，同时，也对供应商使用的专用资源或者公用资源进行投资的双源采购问题进行了研究，研究发现采购商投资公用资源更好。国际双源采购在快速制造产业中一直是一种低成本战略，且在服装和运动品牌中被广泛使用，Oberlaender等（2011）采用报童模型研究了一个存在风险偏好的采购商同时向一个海外供应商和一个本地供应商采购的双源采购最优决策问题。

Ledari等（2015）考虑了双源采购策略下最优的库存策略，研究中没有考虑供应商的提前期，但是考虑剩余产品可以在二手市场上销售，且存在缺货损失的情况。当市场随机时，Serel 等（2015）研究了一个销售商同时从一个海外供应商和一个应急的本地供应商采购时的最优生产和销售价格策略，研究发现应急供应商的存在能降低销售价格。

2.5 本章小结

为了充分地利用国际资源，JIT 装配企业大都开始了国际采购，国际采购价格低但路程远，本地供应商价格高但路程短，同时国际采购也面临着更多的供应不可靠性。通过对以上相关文献的总结与分析，本书发现尽管对双源采购的相关研究很多，但仍存在很多的不足。在双源采购相关的研究中，很少有文献同时考虑供应商产出的不确定性和市场需求的不确定性，但在现实中这两种不确定性确实同时存在，且对采购的影响很大。

在以往研究双源采购的文献中，一般将供应商产出不确定性与供应中断作为同样的风险因素对待，但现实中，供应商的产出不确定性属于内部风险，可以通过供应商的努力获得改善，供应中断属于外部风险，几乎不可控制，只能事发之后补偿。同时，现有双源采购中鲜有考虑 JIT 装配企业产品残值的情况，事实上，JIT 装配企业组装之后销售剩余的产品，在二手市场上的残值也会比原来的零部件更有价值，因此探讨零部件在二手市场上的价值是有现实意义的。

现有文献中对双源采购的研究，很少考虑双源采购中两个供应商质量存在差异的情况，但在现实的采购过程中，两个供应商由于生产条件与生产技术方面的差异，一定会存在质量差异，对 JIT 装配企业来说，零部件质量上的差异直接影响装配生产出的最终产品质量。现有文献中却很少考虑 JIT 装配企业的质量改善行为，但在现实中，为了提高供应商的质量水平，JIT 装配企业通常采取各种方式帮助供应商改善零部件的质量。

国际采购中的价格通常受到国际市场的影响，波动很大，尽管 JIT 装配企业具有强势地位，但海外供应商零部件的国际现货价格可涨可跌，采用固定的采购价格策略对 JIT 装配企业和供应商来说都有极高的风险，但现有双源采购的文献中都假设 JIT 装配企业采购价格固定，即采购价格在采购开始签订合同时就已经确定。

JIT 装配企业在进行国际双源采购的过程中，经常因为市场需求的暴涨或者暴跌要求增加或减少装配零部件的订购量。但在双源采购中，供应商因为处于不同的政治和社会环境下，自身扩大生产规模的难度存在不同，现有文献中，大多假设供应商存在有限的生产能力。但现实中，尽管供应商存在一定的生产能力限制，但是只要供应商愿意付出成本，生产规模还是可以扩张的，只是不同供应商特别是海外供应商与本地供应商规模扩张的难度存在很大差距，即生产规模扩张柔性不同，原有双源采购的文献中对同时向生产规模扩张柔性不同的供应商采购的研究不足。

国际双源采购中，国际供应商因为路途遥远总是需要更长的提前期，同时国际供应商的提前期也存在一定的不确定性，但是在大多数情况下，海外供应商的提前期总是会在一小段时间内波动，如提前期的变化范围仅为一周时间，此时将时间按周为单位离散化，海外供应商与本地供应商的提前期仅存在不同。在以往的研究中，总是假设 JIT 装配企业每次的订购量是一定的，为固定采购量策略，但这样的策略应对随机市场需求时，难免存在很大的风险。在以往的研究中，对两个供应商存在不同提前期情况下的双源采购问题的相关研究还不足。

以往的研究大多集中研究一个 JIT 装配企业向多个供应商采购不同零部件的协调问题。在供应商供应不可靠情况下，装配企业向两个供应商采购同种零部件的双源采购问题还没有得到非常系统的研究。但是单一零部件供应的准时、准量、保质才能为 JIT 装配企业生产提供稳定的货源，才是解决 JIT 装配企业采购风险的关键。因此在各种供应不确定情况下，JIT 装配企业的双源采购问题还值得进一步的系统研究。

第3章 供应产出随机与中断条件下的 JIT 装配企业双源采购决策

3.1 引言

JIT 装配企业对供应零部件的准时准量性要求相当严格，很多零部件甚至是即到即用，没有库存，但供应商产出随机却是很常见的，主要是因为生产受到自身条件的限制，如机器故障、生产过程复杂等，供应商难以百分百按时完成计划生产量。这种情况在一些电子元器件与芯片的生产中特别常见。这些元器件生产过程相当精密，生产的产品通常在出厂验货时才发现大量的产品不满足要求，导致有效产量很低，如液晶显示器的平均有效产量通常小于50%（Kulkarni，2006），而供应商的随机产出对装配企业的影响是显而易见的，对 JIT 生产的装配企业来说，影响就更大了。

同时，供应商供应中断的情况也不少见，且一次供应中断就有可能给 JIT 装配企业带来难以弥补的损失。如1997年，作为丰田低成本战略唯一采用的供应商——日本爱信工厂被火灾烧毁，导致丰田生产线不得不关闭两周，为此丰田公司损失了16亿日元的收入（Toshihiro，Alexandre，2002）。2000年，由于飞利浦公司的芯片生产厂遭到雷击，导致只采用飞利浦作为芯片供应商的爱立信公司生产中断，此时爱立信的竞争对手诺基亚却因不只采用了飞利浦一个芯片供应商而借机占得更大的市场份额，最终导致爱立信在此事件中损失高达40亿美金（Latour，2001）。双源采购是应对供应中断一种非常有效的运营策略，现实中很多公司采用双源采购。如上汽大众就一直对汽车零部件双源采购，同时向福耀和耀皮两个玻璃生产商采购汽车挡风玻璃，给上汽大众带来了很稳定的货源。研究证明，双源采购不仅可以降低采购的风险，还可以给装配企业带来更好的采购价格，因为两个供应商之间能产生竞争（Choi，Wu，2005）。本章将运输中断、自然灾害等因素造成的货物全部不能到达JIT装配企业的情况称为供应中断。

  双源采购即一种零部件同时选择两个供应商，可依据供应商的可靠程度、成本等因素分配订货量，且供应商异质程度越高，双源采购在应对供应中断方面的效果越明显（Fabian，Arnd，2010）。双源采购可以更好地应对中断风险，但在调研中发现，尽管JIT装配企业对零部件的准时准量性要求相当严格，但并不是所有零部件都采用双源采购策略，为了探究双源采购在应对供应商随机产出与供应中断中的作用，弥补现有文献没有同时考虑供应商随机产出和供应中断的情况，本章构建了一个JIT装配企业同时向两个存在随机产出与供应中断的供应商采购零部件的双源采购模型，研究了以上两种风险因素对最优决策的影响。研究发现JIT装配企业应该帮助供应商改善产出随机性，供应商参与到采购中会改善采购的条件（宋华，2008）。同时研究证明双源采购仅是JIT装配企业应对风险暂时采取的采购策略，当采购风险降低，JIT装配企业又会采取单源采购的模式。

  本章研究来源于近年来本人与课题组成员在中国汽车行业调研中发现的现实问题。在调研中了解到，中国多数汽车装配企业，如长春一汽、武汉神龙、上海通用、柳州五铃、重庆长安、广汽本田和丰田等，因为采用JIT生产模式，库存几乎为零，都经历过供应商供货突然中断的情况，那时只能暂停生产。JIT装配企业的生产线即使停止一分钟的生产，损失都非常大。所以汽车装配企业不得不采用双源甚至多源的采购模式来降低供应中断的可能性。但调研中却发现，JIT装配企业并不是对所有零部件都采用双源采购策略，有些零部件仅单源采购。为了探究以上问题，本章研究了JIT装配企业在供应商随机产出和供应中断时的最优策略，以及风险变化对最优决策的影响等问题。

  同时在调研中也发现：因为JIT装配企业想获得更低的装配产品价格，从而提高产品在市场上的价格竞争力，总是不断要求供应商降低供应零部件的价格。当供应商价格没法降低，同时零部件的质量与供应可靠性等也不能改善时，供应商会被别的供应商取代。本章也将探讨为什么JIT装配企业会采取此策略。

本章研究是对现实管理问题的提炼,来源于现实,有一定的实际背景和应用价值。以下研究中首先只考虑供应商存在随机产出时 JIT 装配企业与供应商的最优决策;然后同时考虑供应商存在随机产出与供应中断时,JIT 装配企业与供应商的最优决策。再比较两种情况下的最优决策,最后研究了供应商随机产出与供应中断可能性对装配企业与供应商最优决策与最优利润的影响,并得到了一些管理启示。

3.2 问题描述、符号说明与基本假设

本研究的概念模型如图 3-1 所示:假设一个 JIT 装配企业向一个内地供应商 1 和一个海外供应商 2 采购零部件。供应商 $i(i=1,2)$ 不出现风险中断的概率为 θ_i,则出现中断的概率为 $1-\theta_i$。供应商 1 风险中断可能性低、价格高,供应商 2 风险中断可能性高、价格低,即 $\omega_1 > \omega_2$, $1-\theta_1 < 1-\theta_2$。且每个供应商均产出随机,计划生产量为 $x_i(i=1,2)$ 时,有效生产量仅为 $\alpha_i x_i$。其中,α_i 是供应商的随机产出率,主要与供应商生产状况有关,$\alpha_i \in [m_i, 1]$ 上的均匀分布,m_i 越大,供应商期望产出率将越高。其密度函数与分布函数分别为 $f_{\alpha_i}(\alpha_i)$,$F_{\alpha_i}(\alpha_i)$。装配企业采用 JIT 生产模式,对产品的检验很简单,几乎可以忽略,这种不检验的策略也符合 JIT 生产的要求。因此假设 JIT 装配企业不检验而直接接收供应商 i ($i=1,2$) 的零部件。

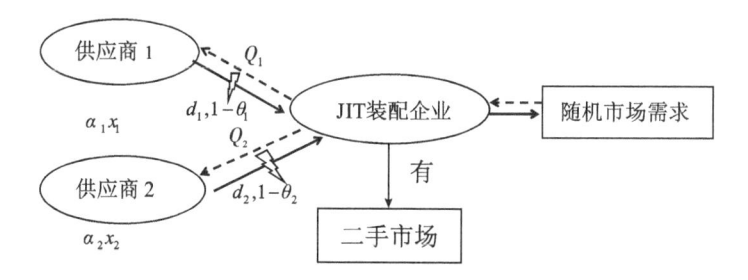

图 3-1 供应商随机产出与中断条件下双源采购概念模型

假设 JIT 装配企业面临的随机市场需求为 y,概率密度与分布函数分别为 $f_y(y)$,$F_y(y)$。JIT 装配企业的单位销售价格为 p,单位残值为 s,单位缺货损失为 v,此模型为报童模型。且 $n^+ = \max(0, n)$,此处 n 代表下面出现的任何

一个变量。

尽管JIT装配企业采购的零部件一般都很专业，但是一些通用性高的零部件具有很完善的二手市场，JIT装配企业可以将自身未使用的零部件放在二手市场上销售。而一些专业化程度高的零部件，在二手市场上销售的可能性就很低。本章也将分析JIT装配企业销售剩余产品残值的大小对最优订货决策与最优生产决策等的影响。

下面所有的符号中，用下标中带 a 表示只考虑供应商随机产出时的各变量，下标中带 b 表示同时考虑供应商随机产出与供应中断时的各变量。本章以下研究中还假设JIT装配企业与两个供应商均为风险中性，且信息对称，决策者完全理性。

3.3 模型构建

3.3.1 只考虑随机产出时的最优决策

（一）供应商最优生产量

JIT装配企业与供应商之间的博弈是一个斯坦伯格博弈过程。JIT装配企业始终是领导者，先决定订货量（如现实中的丰田企业，其自身的资金、技术都比其他的零部件供应商强很多；供应商总是按照汽车厂的要求来生产，供应商是跟随者），后决策生产量。采用反向求解的方法，首先求解供应商最优的生产量。

给定价格 ω_i，供应商的计划产量为 $x_{ia}(i=1,2)$，供应商 $i(i=1,2)$ 给JIT装配企业的供货量为 d_{ia}，$d_{ia} = \min(Q_{ia}, \alpha_i x_{ia})$。

此时供应商 i 的利润函数为：

$$\pi_{ia}(x_{ia}) = \omega_i d_{ia} - c_i x_{ia}$$

因此供应商的期望利润为：

$$\Pi_{ia}(x_{ia}) = \omega_i E(d_{ia}) - c_i x_{ia}$$

$$= \omega_i \left[\int_{\frac{Q_{ia}}{x_{ia}}}^{1} Q_{ia} f_{\alpha_i}(\alpha_i) d\alpha_i + \int_{m_i}^{\frac{Q_{ia}}{x_{ia}}} \alpha_i x_{ia} f_{\alpha_i}(\alpha_i) d\alpha_i \right] - c_i x_{ia} \quad (3-1)$$

可知供应商最优的生产量满足如下条件：

$$\omega_i \int_{m_i}^{\frac{Q_{ia}}{x_{ia}}} \alpha_i f_{\alpha_i}(\alpha_i) \mathrm{d}\alpha_i = c_i \qquad (3-2)$$

证明：对供应商的期望利润函数求一阶、二阶导数，可得：

$$\frac{\partial \Pi_{ia}(x_{ia})}{\partial x_{ia}} = \omega_i \int_{m_i}^{\frac{Q_{ia}}{x_{ia}}} \alpha_i f_{\alpha_i}(\alpha_i) \mathrm{d}\alpha_i - c_i$$

$$\frac{\partial^2 \Pi_{ia}(x_{ia})}{\partial (x_{ia})^2} = -\omega_i \frac{(Q_{ia})^2}{(x_{ia})^3} f_{\alpha_i}\left(\frac{Q_{ia}}{x_{ia}}\right) < 0$$

因为二阶导数小于零，可知当一阶导数为零时，供应商的期望利润存在唯一最大值。条件为：$\omega_i \int_{m_i}^{\frac{Q_{ia}}{x_{ia}}} \alpha_i f_{\alpha_i}(\alpha_i) \mathrm{d}\alpha_i = c_i$，证毕。

本章的研究重点在供应商随机产出对 JIT 装配企业与供应商决策的影响，以下将分析 JIT 装配企业最优的决策。

（二）JIT 装配企业最优的订货量

假设此时 JIT 装配企业向供应商 i 的订货量为 Q_{ia}，有 $d_{ia} = \min(Q_{ia}, \alpha_i x_{ia})$。以下所有的变量中，当 $i=1$ 时，$j=2$；当 $j=1$ 时，$i=2$。JIT 装配企业利润函数用 $\pi_a(Q_{1a}, Q_{2a})$ 表示为：

$$\pi_a(Q_{1a}, Q_{2a}) = p\min\left(y, \sum_{i=1}^{2} d_{ia}\right) + s\left(\sum_{i=1}^{2} d_{ia} - y\right)^+ - v\left(y - \sum_{i=1}^{2} d_{ia}\right)^+ - \sum_{i=1}^{2} \omega_i d_{ia}$$

因：$-\left(y - \sum_{i=1}^{2} d_{ia}\right)^+ = -\max\left(y - \sum_{i=1}^{2} d_{ia}, 0\right) = \left(\sum_{i=1}^{2} d_{ia} - y\right) - \left(\sum_{i=1}^{2} d_{ia} - y\right)^+$

有：$\min\left(y, \sum_{i=1}^{2} d_{ia}\right) = -\max\left(-y, -\sum_{i=1}^{2} d_{ia}\right)$

$$= \sum_{i=1}^{2} d_{ia} - \max\left(\sum_{i=1}^{2} d_{ia} - y, 0\right)$$

$$= \sum_{i=1}^{2} d_{ia} - \left(\sum_{i=1}^{2} d_{ia} - y\right)^+$$

以上利润函数可化简为：

$$\pi_a(Q_{1a}, Q_{2a}) = -(p - s + v)\left(\sum_{i=1}^{2} d_{ia} - y\right)^+ + (p + v)\sum_{i=1}^{2} d_{ia} - vy - \sum_{i=1}^{2} \omega_i d_{ia}$$

$$(3-3)$$

JIT 装配企业的期望利润为：

$$\Pi_a(Q_{1a}, Q_{2a}) = -(p - s + \nu)E[(\sum_{i=1}^{2} d_{ia} - y)^+] + (p + \nu)E(\sum_{i=1}^{2} d_{ia}) - \nu E(y) - E(\sum_{i=1}^{2} \omega_i d_{ia})$$

求积分时 JIT 装配企业的期望利润为：

$$\Pi_a(Q_{1a}, Q_{2a}) = -(p - s + \nu)A_a + (p + \nu)B_a - \nu E(y) - C_a \quad (3-4)$$

因为 $A_a = (\sum_{i=1}^{2} d_{ia} - y)^+$ 的取值情况相当复杂，同时在本书的分析中与其类似的表达式也很多，在此重点分析 $E[(\sum_{i=1}^{2} d_{ia} - y)^+]$ 的积分过程，文中出现的其他积分过程与此类似，将不再赘述，仅以此为例。

因为 $\sum_{i=1}^{2} d_{ia} = \min(\alpha_1 x_{1a}, Q_{1a}) + \min(\alpha_2 x_{2a}, Q_{2a})$，$(\sum_{i=1}^{2} d_{ia} - y)^+$ 的取值情况如表 3-1 所示。

表 3-1 $(\sum_{i=1}^{2} d_{ia} - y)^+$ 的取值情况

取值条件		$(\sum_{i=1}^{2} d_{ia} - y)^+$
$\alpha_1 x_{1a} \geq Q_{1a}$，$\alpha_2 x_{2a} \geq Q_{2a}$	$Q_{1a} + Q_{2a} > y$	$Q_{1a} + Q_{2a} - y$
	$Q_{1a} + Q_{2a} \leq y$	0
$\alpha_1 x_{1a} \geq Q_{1a}$，$\alpha_2 x_{2a} \leq Q_{2a}$	$Q_{1a} + \alpha_2 x_{2a} > y$	$Q_{1a} + \alpha_2 x_{2a} - y$
	$Q_{1a} + \alpha_2 x_{2a} < y$	0
$\alpha_1 x_{1a} \leq Q_{1a}$，$\alpha_2 x_{2a} \leq Q_{2a}$	$\alpha_1 x_{1a} + \alpha_2 x_{2a} > y$	$(\alpha_1 x_{1a} + \alpha_2 x_{2a}) - y$
	$\alpha_1 x_{1a} + \alpha_2 x_{2a} < y$	0
$\alpha_1 x_{1a} \leq Q_{1a}$，$\alpha_2 x_{2a} \geq Q_{2a}$	$\alpha_1 x_{1a} + Q_{2a} > y$	$\alpha_1 x_{1a} + Q_{2a} - y$
	$\alpha_1 x_{1a} + Q_{2a} < y$	0

所以可得各个积分的表达式：

$$A_a = E[(\sum_{i=1}^{2} d_{ia} - y)^+]$$

$$= \int_{\frac{Q_{2a}}{x_{2a}}}^{1} \int_{\frac{Q_{1a}}{x_{1a}}}^{1} \int_0^{\sum_{i=1}^{2} Q_{ia}} (\sum_{i=1}^{2} Q_{ia} - y) f_y(y) \mathrm{d}y f_{\alpha_1}(\alpha_1) \mathrm{d}\alpha_1 f_{\alpha_2}(\alpha_2) \mathrm{d}\alpha_2$$

$$+ \int_{\frac{Q_{2a}}{x_{2a}}}^{1} \int_{\frac{Q_{1a}}{x_{1a}}}^{1} \int_{0}^{Q_{1a}+\alpha_2 x_{2a}} (Q_{1a} + \alpha_2 x_{2a} - y) f_y(y) \mathrm{d}y f_{\alpha_1}(\alpha_1) \mathrm{d}\alpha_1 f_{\alpha_2}(\alpha_2) \mathrm{d}\alpha_2$$

$$+ \int_{\frac{Q_{2a}}{x_{2a}}}^{\frac{Q_{2a}}{m_2}} \int_{\frac{Q_{1a}}{x_{1a}}}^{\frac{Q_{1a}}{m_1}} \int_{0}^{\sum_{i=1}^{2} \alpha_i x_{ia}} \left(\sum_{i=1}^{2} \alpha_i x_{ia} + \alpha_2 x_{2a} - y\right) f_y(y) \mathrm{d}y f_{\alpha_1}(\alpha_1) \mathrm{d}\alpha_1 f_{\alpha_2}(\alpha_2) \mathrm{d}\alpha_2$$

$$+ \int_{\frac{Q_{2a}}{x_{2a}}}^{1} \int_{m_1}^{\frac{Q_{1a}}{x_{1a}}} \int_{0}^{\alpha_1 x_{1a}+Q_{2a}} (\alpha_1 x_{1a} + Q_{2a} - y) f_y(y) \mathrm{d}y f_{\alpha_1}(\alpha_1) \mathrm{d}\alpha_1 f_{\alpha_2}(\alpha_2) \mathrm{d}\alpha_2$$

$$B_a = E\left(\sum_{i=1}^{2} d_{ia}\right)$$

$$= \int_{\frac{Q_{2a}}{x_{2a}}}^{1} \int_{\frac{Q_{1a}}{x_{1a}}}^{1} (Q_{1a} + Q_{2a}) f_{\alpha_1}(\alpha_1) \mathrm{d}\alpha_1 f_{\alpha_2}(\alpha_2) \mathrm{d}\alpha_2$$

$$+ \int_{\frac{Q_{2a}}{x_{2a}}}^{\frac{Q_{2a}}{m_2}} \int_{\frac{Q_{1a}}{x_{1a}}}^{1} (Q_{1a} + \alpha_2 x_{2a}) f_{\alpha_1}(\alpha_1) \mathrm{d}\alpha_1 f_{\alpha_2}(\alpha_2) \mathrm{d}\alpha_2$$

$$+ \int_{\frac{Q_{2a}}{x_{2a}}}^{\frac{Q_{2a}}{m_2}} \int_{m_1}^{\frac{Q_{1a}}{x_{1a}}} (\alpha_1 x_{1a} + \alpha_2 x_{2a}) f_{\alpha_1}(\alpha_1) \mathrm{d}\alpha_1 f_{\alpha_2}(\alpha_2) \mathrm{d}\alpha_2$$

$$+ \int_{\frac{Q_{2a}}{x_{2a}}}^{1} \int_{m_1}^{\frac{Q_{1a}}{x_{1a}}} (\alpha_1 x_{1a} + Q_{2a}) f_{\alpha_1}(\alpha_1) \mathrm{d}\alpha_1 f_{\alpha_2}(\alpha_2) \mathrm{d}\alpha_2$$

$$C_a = E\left(\sum_{i=1}^{2} \omega_i d_{ia}\right)$$

$$= \int_{\frac{Q_{2a}}{x_{2a}}}^{1} \int_{\frac{Q_{1a}}{x_{1a}}}^{1} \left(\sum_{i=1}^{2} \omega_i Q_{ia}\right) f_{\alpha_1}(\alpha_1) \mathrm{d}\alpha_1 f_{\alpha_2}(\alpha_2) \mathrm{d}\alpha_2$$

$$+ \int_{\frac{Q_{2a}}{x_{2a}}}^{\frac{Q_{2a}}{m_2}} \int_{\frac{Q_{1a}}{x_{1a}}}^{1} (\omega_1 Q_{1a} + \omega_2 \alpha_2 x_{2a}) f_{\alpha_1}(\alpha_1) \mathrm{d}\alpha_1 f_{\alpha_2}(\alpha_2) \mathrm{d}\alpha_2$$

$$+ \int_{\frac{Q_{2a}}{x_{2a}}}^{\frac{Q_{2a}}{m_2}} \int_{m_1}^{\frac{Q_{1a}}{x_{1a}}} \left(\sum_{i=1}^{2} \omega_i \alpha_i Q_{ia}\right) f_{\alpha_1}(\alpha_1) \mathrm{d}\alpha_1 f_{\alpha_2}(\alpha_2) \mathrm{d}\alpha_2$$

$$+ \int_{\frac{Q_{2a}}{x_{2a}}}^{1} \int_{m_1}^{\frac{Q_{1a}}{x_{1a}}} (\omega_1 \alpha_1 x_{1a} + \omega_2 Q_{2a}) f_{\alpha_1}(\alpha_1) \mathrm{d}\alpha_1 f_{\alpha_2}(\alpha_2) \mathrm{d}\alpha_2$$

定理3.1 只考虑供应商随机产出时,JIT装配企业存在唯一最优的向供应商i的订货量,使得JIT装配企业利润最优。

证明:对JIT装配企业期望利润函数求向供应商i订货量Q_{ia}的一阶导为:

$$\frac{\partial \Pi_a(Q_{1a}, Q_{2a})}{\partial Q_{ia}} = E\left(\frac{\partial d_{ia}}{\partial Q_{ia}}\right) \left\{ -(p - s + \nu) E\left[F_y\left(\sum_{i=1}^{2} d_{ia}\right)\right] + (p + \nu) - \omega_i \right\}$$

当 $Q_{ia} \geq \alpha_i x_{ia}$ 时，$\frac{\partial d_{ia}}{\partial Q_{ia}} = 0$；当 $Q_{ia} \leq \alpha_i x_{ia}$ 时，$\frac{\partial d_{ia}}{\partial Q_{ia}} = 1$，所以有：

$$\frac{\partial \Pi_a(Q_{1a}, Q_{2a})}{\partial Q_{ia}} = \{-(p-s+\nu)E[F_y(Q_{ia}+d_{ja})] + (p+\nu) - \omega_i\}$$

$$\times \left[1 - F_{\alpha_i}\left(\frac{Q_{ia}}{x_{ia}}\right)\right] \quad (3-5)$$

对式（3-5）求订货量 Q_{ia} 的二阶导得：

$$\frac{\partial^2 \Pi_a(Q_{1a}, Q_{2a})}{\partial (Q_{ia})^2} = \frac{-1}{x_{ia}} f_{\alpha_i}\left(\frac{Q_{ia}}{x_{ia}}\right)\left[-(p-s+\nu)E\{F_y[Q_{ia}+\min(Q_{ja},\alpha_j x_{ja})]\right.$$

$$\left. - (p+\nu) - \omega_i\} - \left[1 - F_{\alpha_i}\left(\frac{Q_{ia}}{x_{ja}}\right)\right](p-s+\nu)\right.$$

$$\times E[f_y(Q_{ia}+\min(Q_{ja},\alpha_j x_{ja}))]$$

$$\frac{\partial^2 \Pi_a(Q_{1a}, Q_{2a})}{\partial Q_{ia} \partial Q_{ja}} = -(p-s+\nu)f_y(Q_{ia}+Q_{ja})\left[1 - F_{\alpha_i}\left(\frac{Q_{ia}}{x_{ia}}\right)\right]\left[1 - F_{\alpha_j}\left(\frac{Q_{ja}}{x_{ja}}\right)\right]$$

明显有：$\frac{\partial^2 \Pi_a(Q_{1a}, Q_{2a})}{\partial Q_{ia} \partial Q_{ja}} > \frac{\partial^2 \Pi_a(Q_{1a}, Q_{2a})}{\partial (Q_{ia})^2}$，因为：$\frac{\partial^2 \Pi_a(Q_{1a}, Q_{2a})}{\partial (Q_{ia})^2} < 0$；

$\frac{\partial^2 \Pi_a(Q_{1a}, Q_{2a})}{\partial Q_{ia} \partial Q_{ja}} < 0$，所以：$\left|\frac{\partial^2 \Pi_a(Q_{1a}, Q_{2a})}{\partial (Q_{ia})^2}\right| > \left|\frac{\partial^2 \Pi_a(Q_{1a}, Q_{2a})}{\partial Q_{ia} \partial Q_{ja}}\right|$，海赛矩阵

为：

$$\begin{bmatrix} \frac{\partial^2 \Pi_a(Q_{1a}, Q_{2a})}{\partial Q_{1a} \partial Q_{1a}} & \frac{\partial^2 \Pi_a(Q_{1a}, Q_{2a})}{\partial Q_{1a} \partial Q_{2a}} \\ \frac{\partial^2 \Pi_a(Q_{1a}, Q_{2a})}{\partial Q_{2a} \partial Q_{1a}} & \frac{\partial^2 \Pi_a(Q_{1a}, Q_{2a})}{\partial Q_{2a} \partial Q_{2a}} \end{bmatrix}$$

其中

$$H_1 = \frac{\partial^2 \Pi_a(Q_{1a}, Q_{2a})}{\partial Q_{1a} \partial Q_{1a}} < 0$$

$$H_2 = \frac{\partial^2 \Pi_a(Q_{1a}, Q_{2a})}{\partial Q_{1a} \partial Q_{1a}} \frac{\partial^2 \Pi_a(Q_{1a}, Q_{2a})}{\partial Q_{2a} \partial Q_{2a}} - \frac{\partial^2 \Pi_a(Q_{1a}, Q_{2a})}{\partial Q_{1a} \partial Q_{2a}} \frac{\partial^2 \Pi_a(Q_{1a}, Q_{2a})}{\partial Q_{2a} \partial Q_{1a}} > 0$$

可知以上海赛矩阵负定，函数存在唯一最优解，使得 JIT 装配企业利润最优。

令式 (3-5) 为零，可知：$F_{\alpha_i}\left(\dfrac{Q_{ia}}{x_{ia}}\right) - 1 = 0$，或

$$-(p-s+\nu)E[F_y(Q_{ia}+d_{ja})] + (p+\nu) - \omega_i = 0 \quad (3-6)$$

因供应商的生产量随着供应商生产能力的变化而随时变化，不可能都等于订货量，所以：$F_{\alpha_i}\left(\dfrac{Q_{ia}}{x_{ia}}\right) \neq 1$。只有：

$$E[F_y(Q_{ia}+d_{ja})] = \int_{m_j}^{\frac{Q_{ja}}{x_{ja}}} F_y(Q_{ia}+\alpha_j x_{ja}) f_{\alpha_j}(\alpha_j)\mathrm{d}\alpha_j + \int_{\frac{Q_{ja}}{x_{ja}}}^{1} F_y(Q_{ia}+Q_{ja}) f_{\alpha_j}(\alpha_j)\mathrm{d}\alpha_j$$

$$= \dfrac{(p+\nu)-\omega_i}{p-s+\nu} \quad (3-7)$$

证毕。

对 JIT 装配企业而言，产品的单位销售价格 p，单位残值 s，单位缺货损失 ν 均是固定值，向两个供应商的采购价格 ω_i 是谈判所得，不可改变。因此 JIT 装配企业对供应商的订货量仅与生产扰动性 α_i 有关，以下灵敏度分析部分将研究生产扰动性 α_i 对最优决策的影响。

3.3.2　供应商产出随机和供应中断时的最优决策

（一）供应商最优生产量

跟 3.3.1 节一样，首先求解供应商存在产出随机与供应中断可能性时，供应商最优的生产量。在给定的价格 ω_i 下，供应商 $i(i=1,2)$ 的计划产量为 x_{ib}（$i=1,2$）时，供应商 i 给 JIT 装配企业的供货量为

$$d_{ib} = \theta_i \min(Q_{ib}, \alpha_i x_{ib})$$

此时供应商 i 的利润函数为：$\pi_{ib}(x_{ib}) = \omega_i d_{ib} - c_i x_{ib}$，供应商的期望利润为：

$$\Pi_{ib}(x_{ib}) = \omega_i E(d_{ib}) - c_i x_{ib}$$

$$= \theta_i \omega_i \left[\int_{\frac{Q_{ib}}{x_{ib}}}^{1} Q_{ib} f_{\alpha_i}(\alpha_i)\mathrm{d}\alpha_i + \int_{m_i}^{\frac{Q_{ib}}{x_{ib}}} \alpha_i x_{ib} f_{\alpha_i}(\alpha_i)\mathrm{d}\alpha_i\right] - c_i x_{ib} \quad (3-8)$$

可知供应商最优的生产量满足如下条件（证明与 3.3.1 节的供应商最优利润证明类似，此处省略）。

$$\theta_i \omega_i \int_{m_i}^{\frac{Q_{ib}}{x_{ib}}} \alpha_i f_{\alpha_i}(\alpha_i)\mathrm{d}\alpha_i = c_i \quad (3-9)$$

此节研究重点在供应中断对 JIT 装配企业与供应商决策的影响，以下将分析 JIT 装配企业最优的决策。

（二）JIT 装配企业最优订货量

JIT 装配企业每次能接收的供应量为：

$$d_b = \sum_{i=1}^{2} d_{ib} = \theta_i \min(Q_{ib}, \alpha_i x_{ib}) + \theta_j \min(Q_{jb}, \alpha_j x_{jb})$$

JIT 装配企业此时的利润函数为：

$$\pi_b(Q_{1b}, Q_{2b}) = p\min(y, d_b) + s(d_b - y)^+ - \nu(y - d_b)^+ - \sum_{i=1}^{2}\omega_i d_{ib}$$

因为：$-(y - d_b)^+ = -\max(y - d_b, 0) = (d_b - y) - (d_b - y)^+$

所以有：$\min(y, d_b) = -\max(-y, -d_b) = d_b - \max(d_b - y, 0)$
$$= d_b - (d_b - y)^+$$

以上利润函数可化简为：

$$\pi_b(Q_{1b}, Q_{2b}) = -(p - s + \nu)(d_b - y)^+ + (p + \nu)d_b - \nu y - \sum_{i=1}^{2}\omega_i d_{ib}$$

(3-10)

JIT 装配企业的期望利润函数为：

$$\Pi_b(Q_{1b}, Q_{2b}) = -(p - s + \nu)E[(d_b - y)^+] + (p + \nu)E(d_b)$$
$$- \nu y - E\left(\sum_{i=1}^{2}\omega_i d_{ib}\right)$$

JIT 装配企业的期望利润函数展开为：

$$\Pi_b(Q_{1b}, Q_{2b}) = -(p - s + \nu)A_b + (p + \nu)B_b - \nu E(y) - C_b \quad (3-11)$$

其中：

$$A_b = E[(d_b - y)^+]$$

$$= \int_{\frac{Q_{2b}}{x_{2b}}}^{1}\int_{\frac{Q_{1b}}{x_{1b}}}^{1}\int_{0}^{\sum_{i=1}^{2}\theta_i Q_{ib}} \left(\sum_{i=1}^{2}\theta_i Q_{ib} - y\right)f_y(y)\mathrm{d}y\, f_{\alpha_1}(\alpha_1)\mathrm{d}\alpha_1 f_{\alpha_2}(\alpha_2)\mathrm{d}\alpha_2$$

$$+ \int_{m_2}^{\frac{Q_{2b}}{x_{2b}}}\int_{\frac{Q_{1b}}{x_{1b}}}^{1}\int_{0}^{\theta_1 Q_{1b} + \theta_2 \alpha_2 x_{2b}} (\theta_1 Q_{1b} + \theta_2 \alpha_2 x_{2b} - y)f_y(y)\mathrm{d}y\, f_{\alpha_1}(\alpha_1)\mathrm{d}\alpha_1 f_{\alpha_2}(\alpha_2)\mathrm{d}\alpha_2$$

$$+ \int_{\frac{Q_{2b}}{x_{2b}}}^{\frac{Q_{2b}}{x_{2b}}}\int_{m_1}^{\frac{Q_{1b}}{x_{1b}}}\int_{0}^{\sum_{i=1}^{2}\theta_i \alpha_i x_{ib}} \left(\sum_{i=1}^{2}\theta_i \alpha_i x_{ib} - y\right)f_y(y)\mathrm{d}y\, f_{\alpha_1}(\alpha_1)\mathrm{d}\alpha_1 f_{\alpha_2}(\alpha_2)\mathrm{d}\alpha_2$$

$$+ \int_{\frac{Q_{2b}}{x_{2b}}}^{1} \int_{0}^{\frac{Q_{1b}}{x_{1b}}} \int_{0}^{\theta_1 \alpha_1 x_{1b} + \theta_2 Q_{2b}} (\theta_1 \alpha_1 x_{1b} + \theta_2 Q_{2b} - y) f_y(y) \mathrm{d}y f_{\alpha_1}(\alpha_1) \mathrm{d}\alpha_1 f_{\alpha_2}(\alpha_2) \mathrm{d}\alpha_2$$

$B_b = E(d_b)$

$$= \int_{\frac{Q_{2b}}{x_{2b}}}^{1} \int_{\frac{Q_{1b}}{x_{1b}}}^{1} \left(\sum_{i=1}^{2} \theta_i Q_{ib} \right) f_{\alpha_1}(\alpha_1) \mathrm{d}\alpha_1 f_{\alpha_2}(\alpha_2) \mathrm{d}\alpha_2$$

$$+ \int_{m_2}^{\frac{Q_{2b}}{x_{2b}}} \int_{\frac{Q_{1b}}{x_{1b}}}^{1} (\theta_1 Q_{1b} + \theta_2 \alpha_2 x_{2b}) f_{\alpha_1}(\alpha_1) \mathrm{d}\alpha_1 f_{\alpha_2}(\alpha_2) \mathrm{d}\alpha_2$$

$$+ \int_{m_2}^{\frac{Q_{2b}}{x_{2b}}} \int_{m_1}^{\frac{Q_{1b}}{x_{1b}}} \left(\sum_{i=1}^{2} \theta_i \alpha_i Q_{ib} \right) f_{\alpha_1}(\alpha_1) \mathrm{d}\alpha_1 f_{\alpha_2}(\alpha_2) \mathrm{d}\alpha_2$$

$$+ \int_{\frac{Q_{2b}}{x_{2b}}}^{1} \int_{m_1}^{\frac{Q_{1b}}{x_{1b}}} (\theta_1 \alpha_1 x_{1b} + \theta_2 Q_{2b}) f_{\alpha_1}(\alpha_1) \mathrm{d}\alpha_1 f_{\alpha_2}(\alpha_2) \mathrm{d}\alpha_2$$

$C_b = E\left(\sum_{i=1}^{2} \omega_i d_{ib} \right)$

$$= \int_{\frac{Q_{2b}}{x_{2b}}}^{1} \int_{\frac{Q_{1b}}{x_{1b}}}^{1} \left(\sum_{i=1}^{2} \omega_i \theta_i Q_{ib} \right) f_{\alpha_1}(\alpha_1) \mathrm{d}\alpha_1 f_{\alpha_2}(\alpha_2) \mathrm{d}\alpha_2$$

$$+ \int_{m_2}^{\frac{Q_{2b}}{x_{2b}}} \int_{\frac{Q_{1b}}{x_{1b}}}^{1} (\omega_1 \theta_1 Q_{1b} + \omega_2 \theta_2 \alpha_2 x_{2b}) f_{\alpha_1}(\alpha_1) \mathrm{d}\alpha_1 f_{\alpha_2}(\alpha_2) \mathrm{d}\alpha_2$$

$$+ \int_{m_2}^{\frac{Q_{2b}}{x_{2b}}} \int_{m_1}^{\frac{Q_{1b}}{x_{1b}}} \left(\sum_{i=1}^{2} \omega_i \theta_i \alpha_i Q_{ib} \right) f_{\alpha_1}(\alpha_1) \mathrm{d}\alpha_1 f_{\alpha_2}(\alpha_2) \mathrm{d}\alpha_2$$

$$+ \int_{\frac{Q_{2b}}{x_{2b}}}^{1} \int_{m_1}^{\frac{Q_{1b}}{x_{1b}}} (\omega_1 \theta_1 \alpha_1 x_{1b} + \omega_2 \theta_2 Q_{2b}) f_{\alpha_1}(\alpha_1) \mathrm{d}\alpha_1 f_{\alpha_2}(\alpha_2) \mathrm{d}\alpha_2$$

定理 3.2 考虑供应商产出随机和供应中断时，JIT 装配企业存在唯一最优的向供应商 i 的订货量，使得 JIT 装配企业利润最优。

证明：对 JIT 装配企业期望利润函数求向供应商 i 订货量 Q_{ib} 的一阶导数为：

$$\frac{\partial \Pi_b(Q_{1b},Q_{2b})}{\partial Q_{ib}} = E\left(\frac{\partial d_b}{\partial Q_{ib}}\right)\{-(p-s+\nu)E[F_y(d_b)] + (p+\nu)\} - \omega_i \frac{\partial d_{ib}}{\partial Q_{ib}}$$

求 JIT 装配企业期望利润函数关于 Q_{ib} 的一阶导数可简化为：

$$\frac{\partial \Pi_b(Q_{1b},Q_{2b})}{\partial Q_{ib}} = \theta_i \left[1 - F_{\alpha_i}\left(\frac{Q_{ib}}{x_{ib}}\right)\right]\{-(p-s+\nu)E[F_y(\theta_i Q_{ib} + d_{jb})]$$
$$+ (p+\nu) - \omega_i\} \tag{3-12}$$

求 JIT 装配企业期望利润函数关于 Q_{ib} 的二阶导数为：

$$\frac{\partial^2 \Pi_b(Q_{1b}, Q_{2b})}{\partial (Q_{ib})^2} = -\theta_i f_{\alpha_i}\left(\frac{Q_{ib}}{x_{ib}}\right)\{-(p-s+\nu)E[F_y(\theta_i Q_{ib} + d_{jb})]$$
$$+ (p+\nu) - \omega_i\} - (\theta_i)^2\left[1 - F_{\alpha_i}\left(\frac{Q_{ib}}{x_{ib}}\right)\right](p-s+\nu)E[f_y(\theta_i Q_{ib} + d_{jb})]$$

$$\frac{\partial^2 \Pi_b(Q_{1b}, Q_{2b})}{\partial Q_{ib} \partial Q_{jb}} = -\theta_i \theta_j \left[1 - F_{\alpha_i}\left(\frac{Q_{ib}}{x_{ib}}\right)\right]\left[1 - F_{\alpha_j}\left(\frac{Q_{jb}}{x_{jb}}\right)\right](p-s+\nu)E[f_y(\theta_i Q_{ib} + \theta_j Q_{jb})]$$

海赛矩阵为：$\begin{bmatrix} \dfrac{\partial^2 \Pi_b(Q_{1b}, Q_{2b})}{\partial Q_{1b} \partial Q_{1b}} & \dfrac{\partial^2 \Pi_b(Q_{1b}, Q_{2b})}{\partial Q_{1b} \partial Q_{2b}} \\ \dfrac{\partial^2 \Pi_b(Q_{1b}, Q_{2b})}{\partial Q_{2b} \partial Q_{1b}} & \dfrac{\partial^2 \Pi_b(Q_{1b}, Q_{2b})}{\partial Q_{2b} \partial Q_{2b}} \end{bmatrix}$，因为 $\left[1 - F_{\alpha_i}\left(\dfrac{Q_{ib}}{x_{ib}}\right)\right] < 1$；

$E[f_y(\theta_i Q_{ib} + d_{jb})] \geq E[f_y(\theta_i Q_{ib} + \theta_j Q_{jb})]$，所以 $H_1 = \dfrac{\partial^2 \Pi_b(Q_{1b}, Q_{2b})}{\partial Q_{1b} \partial Q_{1b}} < 0$；

$$H_2 = \frac{\partial^2 \Pi_b(Q_{1b}, Q_{2b})}{\partial Q_{1b} \partial Q_{1b}} \frac{\partial^2 \Pi_b(Q_{1b}, Q_{2b})}{\partial Q_{2b} \partial Q_{2b}} - \frac{\partial^2 \Pi_b(Q_{1b}, Q_{2b})}{\partial Q_{1b} \partial Q_{2b}} \frac{\partial^2 \Pi_b(Q_{1b}, Q_{2b})}{\partial Q_{2b} \partial Q_{1b}} > 0$$

可知以上海赛矩阵负定，最优值需满足的条件为：

$$E[F_y(\theta_i Q_{ib} + d_{jb})] = \int_{m_j}^{\frac{Q_{jb}}{x_{jb}}} F_y(\theta_i Q_{ib} + \theta_j \alpha_j x_{jb}) f_{\alpha_j}(\alpha_j) \mathrm{d}\alpha_j$$
$$+ \int_{\frac{Q_{jb}}{x_{jb}}}^{1} F_y(\theta_i Q_{ib} + \theta_j Q_{jb}) f_{\alpha_j}(\alpha_j) \mathrm{d}\alpha_j$$
$$= \frac{p + \nu - \omega_i}{p - s + \nu} \qquad (3-13)$$

即 JIT 装配企业的订货量满足式（3-13）时，JIT 装配企业的利润最优，证毕。

3.4 算例分析与管理启示

3.4.1 最优决策与最优利润

假设一个 JIT 装配企业分别向两个供应商采购一种零部件，基本参数如下所示：市场需求 $y \in [200, 300]$ 的均匀分布，其概率密度函数 $f_y(y) =$

$1/(300-200)$。供应商 i 的随机产出率 α_i 均满足 $[0,1]$ 上的均匀分布，单位采购价 $\omega_1=53$，$\omega_2=50$。供应商的单位生产成本 $c_1=23$，$c_2=20$，两个供应商没有发生供应中断的期望概率分别为 $\theta_1=0.95$，$\theta_2=0.90$；JIT 装配企业的单位销售价格 $p=150$；产品的单位残值 $s=70$，此处的残值大于初始的订货成本，主要考虑到 JIT 装配企业进行装配生产之后，原有的零部件价值得到了提升，就算 JIT 装配企业最终没有销售完产品，在市场上折价销售也将获得比原零部件采购价格更高的价格；单位缺货损失 $\nu=50$。

采用 Matlab，将 JIT 装配企业向两个供应商的订货量（图 3-2 中用 Q_1，Q_2 表示）作为 x，y 坐标变量，将 JIT 装配企业利润（图 3-2 中用 T 表示）作为 z 坐标变量，可画出 JIT 装配企业期望利润随着向两个供应商订货量变化的三维图，如图 3-2 所示。

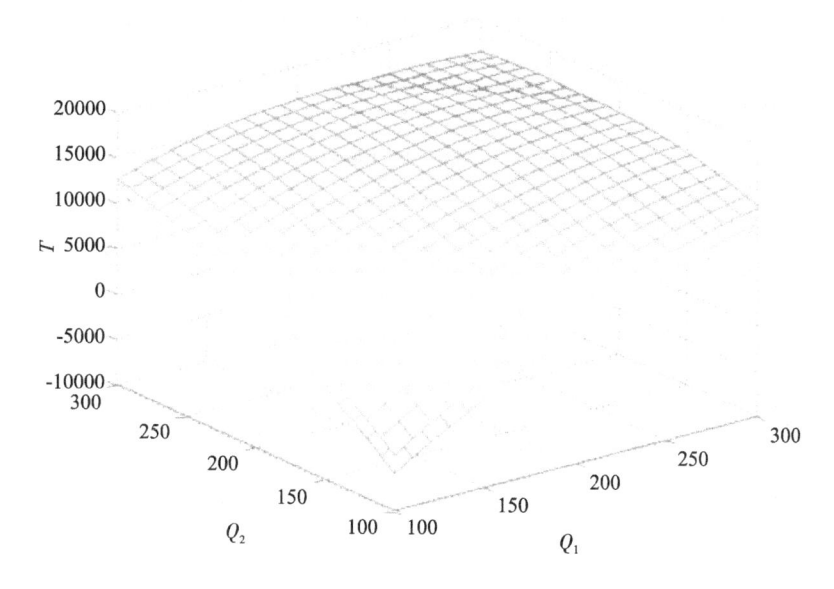

图 3-2 两个订货量对 JIT 装配企业利润的影响

从图 3-2 中可知，无论是否考虑供应商供应中断，图 3-2 都有一个上凸的趋势，说明 JIT 装配企业期望利润确实存在最优值，最优值即为图 3-2 中凸出的最高点。

下面分别求解两种情况下供应商最优生产量，JIT 装配企业最优订货量。求解过程是：将以上基本参数代入各式，联立式（3-2）与式（3-7）可解得，在只考虑供应商随机产出时供应商最优的生产量（x_{1a}，x_{2a}），JIT 装配企业最优的订货量（Q_{1a}，Q_{2a}），再将最优订货量和最优生产量代入式（3-1）和式（3-4）中可解得，JIT 装配企业此时的最优期望利润 Π_a 和两供应商最优期望利润 Π_{ia}；联立式（3-9）与式（3-13）可解得，在同时考虑供应商随机产出和供应中断时供应商最优的生产量（x_{1a}，x_{2a}），JIT 装配企业最优的订货量（Q_{1b}，Q_{2b}），然后将它们代入式（3-11）和式（3-8）中可解得，JIT 装配企业此时最优期望利润 Π_b 和两供应商此时最优的期望利润 Π_{ib}。且在求解中发现，确实只有一组非零解，与定理3.1与定理3.2一致。

只考虑供应商随机产出与同时考虑供应商随机产出与供应中断时，供应商最优生产量与JIT 装配企业最优订货量和最优利润，如表3-2 和表3-3 所示。从表3-2 和表3-3 中，可以看出：考虑供应商供应中断的情况下，JIT 装配企业最优订货量与供应商最优生产量均比没有考虑供应商供应中断时大，即 $x_{1a} < x_{1b}$；$x_{2a} < x_{2b}$；$Q_{1a} < Q_{1b}$；$Q_{2a} < Q_{2b}$。但供应商存在供应中断时，JIT 装配企业的最优利润比没有考虑供应中断时小，即 $\Pi_a > \Pi_b$。以上分析显示，考虑供应商供应中断时，JIT 装配企业应该多订货，同时供应商也应该多生产。

表3-2　只有随机产出时的最优解

x_{1a}	x_{2a}	Q_{1a}	Q_{2a}	Π_{1a}	Π_{2a}	Π_a
211.32	235.03	196.87	210.21	713.43	1109.62	14917.18

表3-3　考虑随机产出和供应中断时的最优解

x_{1b}	x_{2b}	Q_{1b}	Q_{2b}	Π_{1b}	Π_{2b}	Π_b
222.63	247.30	212.80	233.16	473.29	600.05	14422.35

3.4.2　灵敏度分析

本章研究重点在供应商的随机产出和供应中断对JIT 装配企业与供应商最优决策的影响。因此，以下将分析供应商随机产出与供应中断可能性对最优决策的影响。

（一）随机产出对最优值的影响

供应商的随机产出对供应商决策造成影响，同时也会间接地给JIT 装配企业的订货量与JIT装配企业的最优利润带来影响。以下将分析供应商随机产出率变化对最优决策与最优利润的影响。假定供应商i的随机产出率α_i满足$[m_i, 1]$上的均匀分布，概率密度函数为$f_{\alpha_i}(\alpha_i) = 1/(1 - m_i)$，均值和方差分别为$E(\alpha_i) = (1 + m_i)/2$，$D(\alpha_i) = (1 - m_i)^2/12$，由随机产出因子的表达式可知，随着$m_i$的增大，供应商$i$的随机产出均值越来越大，方差越来越小，也就是说随着m_i的增加，供应商i随机产出更稳定，有效产出更高。

按3.4.1节的计算过程，在只考虑供应商随机产出时，先增大m_1的值，也就是让供应商1的产出更稳定，有效产量更高；然后增大m_2的值，也就是让供应商2的产量更稳定，有效产出更高。可得各最优值如表3-4和表3-5所示。

表3-4 供应商1供应不确定性改变时的最优决策

m_1	x_{1a}	x_{2a}	Q_{1a}	Q_{2a}	Π_{1a}	Π_{2a}	Π_a
0	211.32	235.03	196.87	210.21	713.43	1109.62	14917.18
0.1	235.47	209.59	209.44	187.47	1363.41	989.58	16711.61
0.2	260.61	181.50	223.33	162.34	2116.71	856.93	18583.07
0.3	285.11	151.59	238.12	135.59	2971.32	715.73	20405.89
0.4	306.78	121.25	253.12	108.45	3911.05	572.46	22029.74
0.5	323.41	92.23	267.47	82.49	4904.29	435.43	23328.33
0.6	333.35	66.24	280.32	59.24	5908.09	312.70	24243.62
0.7	336.03	44.46	291.09	39.77	6878.56	209.93	24801.32
0.8	332.09	27.35	299.54	24.47	7779.89	129.16	25086.65
0.9	322.93	14.68	305.81	13.13	8591.61	69.30	25198.45

表3-5 供应商2供应不确定性改变时的最优决策

m_2	x_{1a}	x_{2a}	Q_{1a}	Q_{2a}	Π_{1a}	Π_{2a}	Π_a
0	211.32	235.03	196.87	210.21	713.43	1109.62	14917.18
0.1	185.08	261.32	172.42	223.27	624.83	1806.00	17010.60
0.2	156.51	288.00	145.81	237.49	528.39	2603.17	19152.43
0.3	126.69	312.97	118.03	252.33	427.72	3492.50	21183.61
0.4	97.22	333.74	90.57	266.99	328.21	4449.83	22935.07
0.5	69.89	348.04	65.11	280.60	235.95	5437.30	24284.18
0.6	46.21	354.57	43.05	292.38	156.00	6409.65	25200.32
0.7	27.03	353.38	25.18	301.92	91.24	7326.57	25742.86
0.8	12.43	345.68	11.58	309.19	41.96	8160.51	26018.00
0.9	1.91	333.29	1.78	314.43	6.45	8898.66	26131.09

从表3-4和表3-5中可知：①随着m_i的增大，也就是供应商i的随机产出逐渐降低的过程中，供应商i的生产量先增加，直到随机产出降低到一定程度（如$m_i=0.9$）时，供应商i的生产量才减少。②随着m_i的增大，也就是供应商i的随机产出逐渐降低的过程中，JIT装配企业向供应商i的订货量一直增加，向供应商j的订货量一直减少。同时发现当m_i增大到一定程度时，也就是供应商i的随机产出降低到一定程度时，JIT装配企业向供应商j的订货量几乎为零（如$m_1=0.9$，$Q_{2a}=13.13$；$m_2=0.9$，$Q_{1a}=1.78$）。也就是说，当其中一个供应商随机产出改善到一定程度时，另一供应商将会被淘汰。③随着m_i的增大，也就是供应商i的随机产出逐渐降低的过程中，供应商i的最优期望利润一直在增加，供应商j的最优期望利润一直在减少，但JIT装配企业的最优期望利润一直在增加。

以上结论表明，供应商随机产出改善到一定程度时，供应商才会减少自身生产量，在这之前，供应商在改善自身随机产出的同时还应该增加生产量。同时，JIT装配企业应该向不断改善随机产出的供应商多订货，逐渐减小向另一个供应商的订货量，最终几乎全部向一直改善随机产出的供应商订货。此现象也说明，JIT装配企业双源采购是为了降低风险，当风险足够低时，也就是其中一个供应商随机产出改善到一定程度时，双源采购会被单源采购取代。同时JIT装配企业与供应商应该合作改善供应商的随机产出。因为供应商随机产出的改善，不仅提高供应商利润，也提高JIT装配企业利润，JIT装配企业与供应商一起合作改善产出不确定的行为也与JIT生产中持续改善的理念相吻合。

在供应商存在随机产出和供应中断时，同样改变两个供应商的随机产出。也按3.4.1节的求法，可得表3-6和表3-7。由表3-6和表3-7可知，同时考虑两个供应商存在随机产出与供应中断时，与只考虑存在随机产出时的情况相同，此处的分析省略。

表3-6 供应商1供应不确定性降低且风险中断时的最优决策

m_1	x_{1b}	x_{2b}	Q_{1b}	Q_{2b}	Π_{1b}	Π_{2b}	Π_b
0	222.63	247.30	212.80	233.16	473.29	600.05	14422.35
0.1	246.98	220.78	225.31	208.15	1105.76	535.69	16258.47
0.2	272.32	191.58	239.09	180.63	1835.82	464.86	18173.41
0.3	297.10	160.52	253.76	151.34	2662.66	389.48	20044.84

续表

m_1	x_{1b}	x_{2b}	Q_{1b}	Q_{2b}	Π_{1b}	Π_{2b}	Π_b
0.4	319.26	128.95	268.67	121.57	3572.97	312.87	21725.91
0.5	336.63	98.58	283.01	92.94	4539.46	239.18	23087.50
0.6	347.48	71.13	295.96	67.07	5523.69	172.61	24063.24
0.7	351.13	47.90	306.93	45.16	6484.59	116.22	24670.38
0.8	348.00	29.44	315.65	27.75	7387.08	71.41	24987.79
0.9	339.35	15.60	322.18	14.71	8208.20	37.85	25115.75

表 3-7 供应商 2 供应不确定性降低且风险中断时的最优决策

m_2	x_{1b}	x_{2b}	Q_{1b}	Q_{2b}	Π_{1b}	Π_{2b}	Π_b
0	222.63	247.30	212.80	233.16	473.29	600.05	14422.35
0.1	196.84	274.15	188.14	246.74	418.44	1233.69	16452.44
0.2	165.58	301.87	161.14	261.62	357.13	1962.14	18490.88
0.3	138.72	328.64	132.59	277.35	294.89	2782.62	20590.75
0.4	108.61	352.14	103.81	293.21	230.88	3679.79	22401.32
0.5	79.93	369.98	76.40	308.31	169.92	4624.64	23851.93
0.6	54.31	380.43	51.92	321.81	115.47	5578.79	24882.93
0.7	32.87	382.94	31.42	333.11	69.88	5762.30	24705.73
0.8	16.01	378.17	15.30	341.99	34.02	7363.07	25858.18
0.9	7.11	409.83	6.80	346.67	15.12	7133.53	25825.66

(二) 供应中断可能性对最优值的影响

以上分析了随机产出对最优值的影响,下面将分析供应中断可能性对最优值的影响。依次改变供应商 i 供应中断的可能性 $1-\theta_i$,随着 θ_i 的增大,供应商 i 的供应中断可能性降低。按照 3.4.1 节的计算过程,代入各最优值表达式可得表 3-8 和表 3-9。

从表 3-8 和表 3-9 中可知:①无论哪个供应商供应中断可能性降低,JIT 装配企业向两个供应商的最优订货量都减少,但 JIT 装配企业的最优期望利润一直在增加。②无论哪个供应商供应中断可能性降低,两个供应商的最优生产量都减少,供应商 i 的利润随供应商 i 供应中断可能性的降低而增加,随

供应商 j 供应中断可能性的降低而减少。③JIT 装配企业仅是向供应中断可能性降低的供应商多订购，没有停止向供应中断可能性高的供应商采购，主要原因在于其中一个供应商供应中断可能性尽管在降低，但一旦发生会损失惨重，因此 JIT 装配企业一直双源采购。

表 3-8　供应商 1 供应中断可能性变化时的最优决策

θ_1	x_{1b}	x_{2b}	Q_{1b}	Q_{2b}	Π_{1b}	Π_{2b}	Π_b
0.90	226.56	251.57	222.49	237.18	190.83	610.40	14278.76
0.91	225.76	250.69	220.47	236.36	248.73	608.29	14307.27
0.92	224.96	249.83	218.50	235.54	305.92	606.18	14335.91
0.93	224.17	248.97	216.56	234.74	362.39	604.12	14364.27
0.94	223.39	248.13	214.66	233.94	418.17	602.06	14393.08
0.95	222.63	247.30	212.80	233.16	473.29	600.05	14422.35
0.96	221.87	246.47	210.96	232.38	527.71	598.05	14450.97
0.97	221.12	245.66	209.16	231.61	581.50	596.06	14480.05
0.98	220.38	244.86	207.39	230.85	634.64	594.11	14509.22
0.99	219.64	244.06	205.66	230.11	687.19	592.20	14537.81

表 3-9　供应商 2 供应中断可能性变化时的最优决策

θ_2	x_{1b}	x_{2b}	Q_{1b}	Q_{2b}	Π_{1b}	Π_{2b}
0.85	226.95	251.99	216.92	244.46	482.45	310.20
0.86	226.06	251.02	216.07	242.11	480.56	369.73
0.87	225.18	250.07	215.23	239.80	478.69	427.72
0.88	224.32	249.13	214.41	237.54	476.87	486.39
0.89	223.47	248.21	213.59	235.33	475.05	543.60
0.90	222.63	247.30	212.80	233.16	473.29	600.05
0.91	221.79	246.40	212.00	231.03	471.51	655.78
0.92	220.98	245.51	211.21	228.94	469.75	710.80
0.93	220.17	244.63	210.44	226.89	468.04	765.13
0.94	219.36	243.76	209.67	224.88	466.33	818.79

（三）零部件残值对最优利润与最优决策的影响

为了分析零部件残值对最优决策与最优利润的影响，将商品的残值在 0~90 以 10 为间隔变化，并求每个残值情况下，只有产出不确定与产出不确定和

第3章 供应产出随机与中断条件下的JIT装配企业双源采购决策

供应中断同时存在两种情况下，按照3.4.1节的计算过程，代入各最优值表达式可得表3-10和表3-11。

表3-10 供应不确定情况下残值对最优决策与最优利润的影响

s	x_{1a}	x_{2a}	Q_{1a}	Q_{2a}	Π_{1a}	Π_{2a}	Π_a
0	185.04	204.50	172.38	182.91	624.68	965.51	10093.28
10	187.60	207.48	174.78	185.58	633.38	979.61	10670.24
20	190.46	210.80	177.44	188.54	643.02	995.23	11275.17
30	193.65	214.50	180.41	191.86	653.78	1012.75	11910.96
40	197.24	218.67	183.75	195.59	665.89	1032.44	12584.62
50	201.30	223.40	187.54	199.81	679.62	1054.72	13303.11
60	205.95	228.80	191.87	204.64	695.31	1080.22	14076.43
70	211.32	235.03	196.87	210.21	713.43	1109.62	14917.18
80	217.57	242.30	202.70	216.72	734.56	1143.98	15841.58
90	224.97	250.89	209.58	224.40	759.49	1184.52	16873.40

表3-11 考虑供应中断情况下残值变化对最优决策与最优利润的影响

s	x_{1b}	x_{2b}	Q_{1b}	Q_{2b}	Π_{1b}	Π_{2b}	Π_b
0	194.90	215.19	186.29	202.89	414.33	522.15	9519.13
10	197.61	218.33	188.88	205.85	420.09	529.77	10109.19
20	200.62	221.82	191.76	209.13	426.49	538.21	10725.83
30	203.98	225.72	194.97	212.81	433.63	547.68	11373.55
40	207.77	230.10	198.59	216.94	441.68	558.31	12058.53
50	212.06	235.07	202.69	221.62	450.80	570.35	12788.08
60	216.97	240.74	207.38	226.98	461.23	584.15	13571.70
70	222.63	247.30	212.80	233.16	473.29	600.05	14422.35
80	229.23	254.94	219.10	240.36	487.30	618.58	15355.68
90	237.03	263.97	226.56	248.88	503.89	640.51	16395.04

从表3-10和表3-11中可知，无论是否考虑供应中断，随着残值的增加，JIT装配企业向两个供应商的订货量都越来越大，两个供应商的生产量也越来越大，同时两个供应商的利润也越来越大，JIT装配企业的利润也越来越大。

管理启示：对供应商而言，应该提高自身零部件的适用性，从而提高零部件的残值；对JIT装配企业而言，应该订购适用性更高的零部件，同时积极地寻找零部件残值的销售渠道，如建立企业联盟，共享一些零部件；对市场而言，应该健全零部件二手市场，从而刺激JIT装配企业的生产量，增加其向供应商的订货量，从而刺激整个经济的增长。

3.4.3 管理启示

由本章研究可知，供应商的随机产出不仅与供应商密切相关，还影响着JIT装配企业的利润与决策。因此在现实中，JIT装配企业应该利用自己的资源与优良的技术帮助供应商改善随机产出，同时也让供应商参与到自己的采购中来。对JIT装配企业来说最好的策略是：在采购环境不稳定时采用双源采购，并督促供应商改善自己的产出不稳定性，一旦其中有供应商产出不稳定性得到很大的改善，仅向其采购。在那之后，JIT装配企业又寻找另一个具有比较优势的供应商，然后再采用双源采购，同时督促他们改善供应条件，一旦其中有供应商供应条件更加的优越，又仅向其采购，如此反复，JIT装配企业将获得更好的供应商和更稳定的货源。

当供应商随机产出改善到一定程度时，JIT装配企业将采用单源采购的形式，所以双源采购只是JIT装配企业在应对风险情况下的暂时策略。当情况好转，JIT装配企业又会转向单源采购。因此对供应商来说，应该一直改善自己的供应条件，否则会被淘汰。供应商在供货的同时，应该在JIT装配企业的帮助下努力改善自身的生产与供应条件。在调研中也了解到，JIT装配企业不仅要求供应商提供的产品越来越好，还要求价格越来越低。

同时可知，任何一个供应商供应中断可能性的降低都可以增加JIT装配企业的利润水平，因此JIT装配企业在选择供应商时，应该将供应商供应中断可能性作为一个重要的指标。

3.5 本章小结

在双源采购中，供应商也难免存在随机产出与供应中断的可能性，本章研究了以上两种风险下JIT装配企业与供应商的最优决策，证明只考虑供应商随机产出和同时考虑供应商随机产出与供应中断可能性时，JIT装配企业与供应商均存在最优的决策与利润。

研究发现：①同时考虑供应商随机产出与供应中断风险时，JIT装配企业与供应商利润均比只考虑JIT装配企业随机产出时低，但JIT装配企业的最优订货量与供应商的最优生产量均比只考虑供应商随机产出时高。②JIT装配企业的最优期望利润均随任一供应商随机产出的改善而增加；JIT装配企业的最优订货量随着供应商自身的随机产出改善而增加，随着对方供应商随机产出的改善而减少。供应商最优期望利润随着自身随机产出改善而增加，随着对方供应商随机产出的改善而减少；供应商最优的生产量随着自身随机产出的改善先增后减，随着对方供应商随机产出的改善而减少。③无论哪个供应商供应中断可能性降低，JIT装配企业向两个供应商的订货量都减小，JIT装配企业的最优利润都增加。无论哪个供应商供应中断可能性降低，供应商的最优生产量都减少；供应商最优利润随自身供应中断可能性的降低而增加，随着对方供应商供应中断可能性的降低而减少。

本章研究表明JIT装配企业采用双源采购策略仅是在风险存在情况下的暂时决策，当风险足够低时，JIT装配企业将会采用单源采购策略。同时供应商需要不断改善自身的供应条件，否则会被淘汰。

第4章 交货价格不可靠条件下的 JIT 装配企业双源采购决策

4.1 引言

第3章主要分析了两个供应商存在产出随机性与供应中断情况下的 JIT 装配企业双源采购问题,但模型中 JIT 装配企业给两个供应商的采购价格固定,这种价格策略在比较稳定的市场环境下是非常合适的,却不适合国际市场价格迅速变化的全球采购。但随着互联网技术的发展和全球经济一体化趋势的加剧,全球采购已经成为全球制造的一个重要策略。如大众汽车进入中国很久了,但大部分的零部件还是从欧洲采购;海尔进驻巴基斯坦,但关键零部件还是从中国采购。尽管海外采购的产品质量、可靠性等更好,但比起本地采购,海外采购价格受到更多因素的影响,非常不稳定。如金属镍价格在 2014 年 1 月 19 日为 13338 美元/吨,但是到 2014 年 3 月 19 日就涨到了 16385 美元/吨。同时影响国际采购的关键因素——汇率也一直不稳定,一天可以波动 1%(Dornier,2008)。对于一个同时向海外采购与本地采购的 JIT 装配企业,在海外市场价格波动的情况下,采取怎样的海外采购价格策略,与怎样分配海外采购与本地采购的数量成为现实问题。

以往的研究中很少考虑供需不确定条件下,基于海外采购价格可变情况下的双源采购问题。仅有 Karagözoglu 等(2014)研究了供应商随机产出对采购双方价格谈判的影响。本章针对海外市场价格波动大的情况,提出了 JIT 装配企业对海外供应商的可变采购价格策略。研究证明装配企业采用可变价格策略可以降低国际市场价格风险,然后本书在供应与需求均随机的情况下,构建了一个JIT装配企业向一个海外供应商采取可变价格策略,向一个本地供应商采取固定价格策略的双源采购斯坦伯格博弈模型,证明了JIT装配企业存在最优的向两个供应商的订货量,供应商存在最优的生产量使得自身利润最大,最后分析了风险分担因子和装配企业向海外供应商初始采购价格对最优决策与最优利润的影响,并对以上结论进行了算例与灵敏度分析,得到了一些管理启示。

4.2 问题描述、符号说明与基本假设

假设在时间点 t,一个JIT装配企业向一个海外供应商1和一个本地供应商2采购零部件,JIT装配企业支付给海外供应商1的价格为 $\omega_{1(t)}$;JIT装配企业支付给本地供应商2的价格为常数 $\omega_{2(t)}=\omega_2$。假定两个供应商均存在一定的生产不确定性,计划生产量为 $x_{i(t)}$($i=1,2$)时,有效生产量仅为 $\alpha_i x_{i(t)}$。其中,α_i 是供应商的随机产出率,主要与供应商生产状况有关,$\alpha_i \in [m_i, 1]$ 上的均匀分布,m_i 越大,供应商期望产出率越高越稳定,其概率密度函数与分布函数分别为 $f_{\alpha_i}(\alpha_i)$,$F_{\alpha_i}(\alpha_i)$。JIT装配企业的所有零部件即到即用。

本章考虑JIT装配企业是市场的主导者、供应商是跟随者的情况,现实中很多的大型JIT装配企业与其供应商的关系都是如此。假设JIT装配企业与海外供应商谈判得到双方采取的可变价格策略,与本地供应商谈判得到采购价格,然后JIT装配企业决定向两个供应商的订货量,最后两个供应商决定自己的生产量。

假设JIT装配企业面临的随机市场需求为 y,概率密度与分布函数分别为 $f_y(y)$,$F_y(y)$。JIT装配企业的单位销售价格为 p,单位残值为 s,单位缺货损失为 v。且 $n^+ = \max(0, n)$,此处 n 代表下面出现的任何一个变量。

以下的研究中还假设JIT装配企业与两个供应商均风险中性,且信息对称,决策者完全理性,JIT装配企业不检验而直接接收供应商 $i(i=1,2)$ 的零部件。

4.3 模型构建

4.3.1 JIT 装配企业对海外供应商的可变价格策略

假设 JIT 装配企业在 t 时刻向海外供应商采购零部件，此时海外供应商零部件的海外现货价格为随机变量 ω_t，其分布函数与概率密度函数分别为 $F(\omega_t)$，$f(\omega_t)$，其中 $E(\omega_t) = \mu_{\omega_t}$，$Var(\omega_t) = \sigma^2_{\omega_t}$。在一个 JIT 装配企业和两个供应商组成的博弈模型中，尽管 JIT 装配企业处于领导地位，但海外供应商零部件的市场价格随机，对 JIT 装配企业和海外供应商来说都是风险。如果海外市场价格暴跌，JIT 装配企业仍然给海外供应商原来的采购价格，JIT 装配企业将受损失；如果海外市场价格暴涨，JIT 装配企业仍然给海外供应商原来的价格，海外供应商将受损失。因此 JIT 装配企业和海外供应商为了保持良好的合作关系，最好的方式就是一起承担零部件海外市场价格风险，即在开始时 JIT 装配企业与海外供应商签订可变采购价格策略。假设 JIT 装配企业给海外供应商的采购价格为 $\omega_{1(t)}$，可变价格策略规定 JIT 装配企业给海外供应商的可变采购价为 $\omega_{1(t)} = (1-\gamma)\omega_c + \gamma\omega_t$，其中 ω_c 为 JIT 装配企业给国际供应商初始的采购价格，也就是合同签订时双方采用的采购价格，此价格为谈判所得。$0 \leq \gamma \leq 1$ 为双方的风险分担因子。当 $\gamma = 0$ 时，表示 JIT 装配企业一直给国际供应商以初始的采购价格；$\gamma = 1$ 时，代表 JIT 装配企业给海外供应商以海外市场价格。当 $0 < \gamma < 1$ 时，代表双方共同分担海外市场价格变化的风险。本章主要研究 $0 < \gamma < 1$ 时，JIT 装配企业与供应商的最优决策。根据以上的分析可知：$E[\omega_{1(t)}] = (1-\gamma)\omega_c + \gamma\mu_{\omega_t}$，$Var[\omega_{1(t)}] = \gamma^2\sigma^2_{\omega_t} < \sigma^2_{\omega_t}$。可知，JIT 装配企业采取可变采购价格策略之后，JIT 装配企业给海外供应商采购价格的方差变小了，海外市场价格变化带来的风险也变小了。

一般情况下，当海外供应商的价格大于本地供应商价格时，JIT 装配企业将只向本地供应商采购，即单源采购。但本章中假定海外供应商的采购价格大于本地供应商的采购价格时，JIT 装配企业仍然采用双源采购。主要基于一些现实的原因，如：两个供应商都存在一定的生产能力限制，双源采购可以降低供货数量不足风险；两个供应商均存在一定的供货不可靠性，采用双源采购的策略，可以降低供应量不足风险。

4.3.2 供应商的最优决策

JIT 装配企业与供应商们之间的博弈是一个斯坦伯格博弈过程，JIT 装配企业是领导者，先决定订货量，如现实中的丰田企业，其自身的资金、技术都比其他的零部件供应商强很多；供应商总是按照汽车厂的要求来生产。假设 JIT 装配企业与海外供应商首先谈判得到可变采购价格策略，然后 JIT 装配企业开始决定向两个供应商的订购量，两个供应商再决定自己的生产量。因此本章在求解过程中，首先求解供应商最优的生产量，然后再求解 JIT 装配企业最优的订货量。

假设 JIT 装配企业在某个订货时间点向两个供应商的采购价格为 $\omega_{i(t)}$，其中的 $\omega_{1(t)}$ 为 JIT 装配企业给海外供应商的采购价格，对本地供应商 2 的采购价格为 $\omega_{2(t)}$ 保持不变，所以有 $\omega_{2(t)} = \omega_2$；供应商计划产量为 $x_{i(t)} (i = 1, 2)$ 时，供应商 $i(i = 1, 2)$ 给 JIT 装配企业的供货量为：

$$d_{i(t)} = \min[Q_{i(t)}, \alpha_i x_{i(t)}]$$

此时供应商 i $(i = 1, 2)$ 的利润函数为：

$$\pi_{i(t)}[x_{i(t)}] = \omega_{i(t)} d_{i(t)} - c_i x_{i(t)}$$

供应商 $i(i = 1, 2)$ 的期望利润为：

$$\Pi_{i(t)}[x_{i(t)}] = E[\omega_{i(t)}] E[d_{i(t)}] - c_i x_{i(t)}$$

$$= E[\omega_{i(t)}] \left[\int_{\frac{Q_{i(t)}}{x_{i(t)}}}^{1} Q_{i(t)} f_{\alpha_i}(\alpha_i) d\alpha_i + \int_{m_i}^{\frac{Q_{i(t)}}{x_{i(t)}}} \alpha_i x_{i(t)} f_{\alpha_i}(\alpha_i) d\alpha_i \right] - c_i x_{i(t)}$$

$$(4-1)$$

对于国际供应商 1，双方商定的采购价格为 $\omega_{1(t)}$ 时，供应商 1 的产量为 $x_{1(t)}$，供应商 1 给 JIT 装配企业的供货量为：

$$d_{1(t)} = \min[Q_{1(t)}, \alpha_1 x_{1(t)}]$$

此时供应商 1 的利润函数为：

$$\pi_{1(t)}[x_{1(t)}] = \omega_{1(t)} d_{1(t)} - c_1 x_{1(t)}$$

当 JIT 装配企业对海外供应商采取可变价格策略时，$E[\omega_{1(t)}] = (1-\gamma)\omega_c + \gamma\mu_{\omega(t)}$。此时，JIT 装配企业的最优利润为：

$$\Pi_{1(t)}[x_{1(t)}] = E[\omega_{1(t)}] E[d_{1(t)}] - c_1 x_{1(t)}$$

$$= [(1-\gamma)\omega_c + \gamma\mu_{\omega_i}] \Big[\int_{\frac{Q_{1(t)}}{x_{1(t)}}}^{1} Q_{1(t)} f_{\alpha_1}(\alpha_1) d\alpha_1$$

$$+ \int_{m_1}^{\frac{Q_{1(t)}}{x_{1(t)}}} \alpha_1 x_{1(t)} f_{\alpha_1}(\alpha_1) d\alpha_1\Big] - c_1 x_{1(t)}$$

可知供应商最优的生产量满足如下条件：

$$E[\omega_{i(t)}] \int_{m_i}^{\frac{Q_{i(t)}}{x_{i(t)}}} \alpha_i f_{\alpha_i}(\alpha_i) d\alpha_i = c_i \qquad (4-2)$$

证明：对供应商期望利润函数求一阶、二阶导数，可得：

$$\frac{\partial \Pi_{i(t)}[x_{i(t)}]}{\partial x_{i(t)}} = E[\omega_{i(t)}] \int_{m_i}^{\frac{Q_{i(t)}}{x_{i(t)}}} \alpha_i f_{\alpha_i}(\alpha_i) d\alpha_i - c_i$$

$$\frac{\partial^2 \Pi_{i(t)}[x_{i(t)}]}{\partial [x_{i(t)}]^2} = -E[\omega_{i(t)}] \frac{[Q_{i(t)}]^2}{[x_{i(t)}]^3} f_{\alpha_i}\Big[\frac{Q_{i(t)}}{x_{i(t)}}\Big] < 0$$

因为二阶导数小于零，可知当一阶导数为零时，供应商期望利润存在唯一最大值。条件为：$E[\omega_{i(t)}] \int_{m_i}^{\frac{Q_{i(t)}}{x_{i(t)}}} \alpha_i f_{\alpha_i}(\alpha_i) d\alpha_i = c_i$，证毕。

以下将分析 JIT 装配企业最优的订货决策。

4.3.3 JIT 装配企业的最优决策

假设此时 JIT 装配企业向供应商 i 的订货量为 $Q_{i(t)}$，有 $d_{i(t)} = \min[Q_{i(t)}, \alpha_i x_{i(t)}]$。以下所有的变量中，当 $i=1$ 时，$j=2$；当 $j=1$ 时，$i=2$。JIT 装配企业利润函数用 $\pi_{(t)}[Q_{1(t)}, Q_{2(t)}]$ 表示为：

$$\pi_{(t)}[Q_{1(t)}, Q_{2(t)}] = p\min[y, \sum_{i=1}^{2} d_{i(t)}] + s[\sum_{i=1}^{2} d_{i(t)} - y]^+$$

$$- v[y - \sum_{i=1}^{2} d_{i(t)}]^+ - \sum_{i=1}^{2} \omega_{i(t)} d_{i(t)}$$

因：$-[y - \sum_{i=1}^{2} d_{i(t)}]^+ = -\max[y - \sum_{i=1}^{2} d_{i(t)}, 0] = [\sum_{i=1}^{2} d_{i(t)} - y] - [\sum_{i=1}^{2} d_{i(t)} - y]^+$，有：

$$\min[y, \sum_{i=1}^{2} d_{i(t)}] = -\max[-y, -\sum_{i=1}^{2} d_{i(t)}] = \sum_{i=1}^{2} d_{i(t)} - \max[\sum_{i=1}^{2} d_{i(t)} - y, 0]$$

$$= \sum_{i=1}^{2} d_{i(t)} - [\sum_{i=1}^{2} d_{i(t)} - y]^+$$

以上利润函数可化简为：

$$\pi_{(t)}[Q_{1(t)},Q_{2(t)}] = -(p-s+\nu)\left[\sum_{i=1}^{2}d_{i(t)} - y\right]^{+} + (p+\nu)\sum_{i=1}^{2}d_{i(t)}$$

$$-\nu y - \sum_{i=1}^{2}\omega_{i(t)}d_{i(t)} \tag{4-3}$$

JIT 装配企业此时的期望利润用 $\Pi_{(t)}[Q_{1(t)}, Q_{2(t)}]$ 表示为：

$$\Pi_{(t)}[Q_{1(t)},Q_{2(t)}] = -(p-s+\nu)E\left\{\left[\sum_{i=1}^{2}d_{i(t)} - y\right]^{+}\right\} + (p+\nu)E\left[\sum_{i=1}^{2}d_{i(t)}\right]$$

$$-\nu E(y) - E\left[\sum_{i=1}^{2}\omega_{i(t)}d_{i(t)}\right]$$

$$= -(p-s+\nu)A_{(t)} + (p+\nu)B_{(t)} - \nu E(y) - C_{(t)}$$

$$\tag{4-4}$$

其中：

$$A_{(t)} = E\left[\left(\sum_{i=1}^{2}d_{i(t)} - y\right)^{+}\right]$$

$$= \int_{\frac{Q_{2(t)}}{x_{2(t)}}}^{1}\int_{\frac{Q_{1(t)}}{x_{1(t)}}}^{1}\int_{0}^{\sum_{i=1}^{2}Q_{i(t)}}\left[\sum_{i=1}^{2}Q_{i(t)} - y\right]f_{y}(y)\mathrm{d}y f_{\alpha_{1}}(\alpha_{1})\mathrm{d}\alpha_{1} f_{\alpha_{2}}(\alpha_{2})\mathrm{d}\alpha_{2}$$

$$+ \int_{m_{2}}^{\frac{Q_{2(t)}}{x_{2(t)}}}\int_{\frac{Q_{1(t)}}{x_{1(t)}}}^{1}\int_{0}^{Q_{1(t)}+\alpha_{2}x_{2(t)}}\left[Q_{1(t)} + \alpha_{2}x_{2(t)} - y\right]f_{y}(y)\mathrm{d}y f_{\alpha_{1}}(\alpha_{1})\mathrm{d}\alpha_{1} f_{\alpha_{2}}(\alpha_{2})\mathrm{d}\alpha_{2}$$

$$+ \int_{m_{2}}^{\frac{Q_{2(t)}}{x_{2(t)}}}\int_{m_{1}}^{\frac{Q_{1(t)}}{x_{1(t)}}}\int_{0}^{\sum_{i=1}^{2}\alpha_{i}x_{i(t)}}\left[\sum_{i=1}^{2}\alpha_{i}x_{i(t)} + \alpha_{2}x_{2(t)} - y\right]f_{y}(y)\mathrm{d}y f_{\alpha_{1}}(\alpha_{1})\mathrm{d}\alpha_{1} f_{\alpha_{2}}(\alpha_{2})\mathrm{d}\alpha_{2}$$

$$+ \int_{\frac{Q_{2(t)}}{x_{2(t)}}}^{1}\int_{m_{1}}^{\frac{Q_{1(t)}}{x_{1(t)}}}\int_{0}^{\alpha_{1}x_{1(t)}+Q_{2(t)}}\left[\alpha_{1}x_{1(t)} + Q_{2(t)} - y\right]f_{y}(y)\mathrm{d}y f_{\alpha_{1}}(\alpha_{1})\mathrm{d}\alpha_{1} f_{\alpha_{2}}(\alpha_{2})\mathrm{d}\alpha_{2}$$

$$B_{(t)} = E\left[\sum_{i=1}^{2}d_{i(t)}\right]$$

$$= \int_{\frac{Q_{2(t)}}{x_{2(t)}}}^{1}\int_{\frac{Q_{1(t)}}{x_{1(t)}}}^{1}\left[Q_{1(t)} + Q_{2(t)}\right]f_{\alpha_{1}}(\alpha_{1})\mathrm{d}\alpha_{1} f_{\alpha_{2}}(\alpha_{2})\mathrm{d}\alpha_{2}$$

$$+ \int_{m_{2}}^{\frac{Q_{2(t)}}{x_{2(t)}}}\int_{\frac{Q_{1(t)}}{x_{1(t)}}}^{1}\left[Q_{1(t)} + \alpha_{2}x_{2(t)}\right]f_{\alpha_{1}}(\alpha_{1})\mathrm{d}\alpha_{1} f_{\alpha_{2}}(\alpha_{2})\mathrm{d}\alpha_{2}$$

$$+ \int_{m_{2}}^{\frac{Q_{2(t)}}{x_{2(t)}}}\int_{m_{1}}^{\frac{Q_{1(t)}}{x_{1(t)}}}\left[\alpha_{1}x_{1(t)} + \alpha_{2}x_{2(t)}\right]f_{\alpha_{1}}(\alpha_{1})\mathrm{d}\alpha_{1} f_{\alpha_{2}}(\alpha_{2})\mathrm{d}\alpha_{2}$$

$$+ \int_{\frac{Q_{2(t)}}{x_{2(t)}}}^{1}\int_{m_{1}}^{\frac{Q_{1(t)}}{x_{1(t)}}}\left[\alpha_{1}x_{1(t)} + Q_{2(t)}\right]f_{\alpha_{1}}(\alpha_{1})\mathrm{d}\alpha_{1} f_{\alpha_{2}}(\alpha_{2})\mathrm{d}\alpha_{2}$$

$$C_{(t)} = E\left[\sum_{i=1}^{2} \omega_{i(t)} d_{i(t)}\right]$$

$$= \int_{\frac{Q_{2(t)}}{x_{2(t)}}}^{1} \int_{\frac{Q_{1(t)}}{x_{1(t)}}}^{1} \left\{ \sum_{i=1}^{2} E[\omega_{i(t)}] Q_{i(t)} \right\} f_{\alpha_1}(\alpha_1) d\alpha_1 f_{\alpha_2}(\alpha_2) d\alpha_2$$

$$+ \int_{m_2}^{\frac{Q_{2(t)}}{x_{2(t)}}} \int_{\frac{Q_{1(t)}}{x_{1(t)}}}^{1} \left\{ E[\omega_{1(t)}] Q_{1(t)} + \omega_{2(t)} \alpha_2 x_{2(t)} \right\} f_{\alpha_1}(\alpha_1) d\alpha_1 f_{\alpha_2}(\alpha_2) d\alpha_2$$

$$+ \int_{m_2}^{\frac{Q_{2(t)}}{x_{2(t)}}} \int_{m_1}^{\frac{Q_{1(t)}}{x_{1(t)}}} \left\{ \sum_{i=1}^{2} E[\omega_{i(t)}] \alpha_i Q_{i(t)} \right\} f_{\alpha_1}(\alpha_1) d\alpha_1 f_{\alpha_2}(\alpha_2) d\alpha_2$$

$$+ \int_{\frac{Q_{2(t)}}{x_{2(t)}}}^{1} \int_{m_1}^{\frac{Q_{1(t)}}{x_{1(t)}}} \left\{ E[\omega_{1(t)}] \alpha_1 x_{1(t)} + \omega_{2(t)} Q_{2(t)} \right\} f_{\alpha_1}(\alpha_1) d\alpha_1 f_{\alpha_2}(\alpha_2) d\alpha_2$$

定理 4.1 可变采购价格策略下，JIT 装配企业存在唯一最优的向供应商 i 的订货量，使得 JIT 装配企业利润最优。

证明：对 JIT 装配企业利润函数式（4-4）求向供应商 i 订货量 $Q_{i(t)}$ 的一阶导数为：

$$\frac{\partial \Pi_{(t)}[Q_{1(t)}, Q_{2(t)}]}{\partial Q_{i(t)}} = E\left[\frac{\partial d_{i(t)}}{\partial Q_{i(t)}}\right]\left(-(p-s+\nu)E\left\{F_y\left[\sum_{i=1}^{2} d_{i(t)}\right]\right\}\right.$$
$$\left. + (p+\nu) - E[\omega_{i(t)}]\right)$$

当 $Q_{i(t)} \geqslant \alpha_i x_{i(t)}$ 时，$\frac{\partial d_{i(t)}}{\partial Q_{i(t)}} = 0$；当 $Q_{i(t)} \leqslant \alpha_i x_{i(t)}$ 时，$\frac{\partial d_{i(t)}}{\partial Q_{i(t)}} = 1$，所以有：

$$\frac{\partial \Pi_{(t)}[Q_{1(t)}, Q_{2(t)}]}{\partial Q_{i(t)}} = (-(p-s+\nu)E\{F_y[Q_{i(t)} + d_{j(t)}]\} + (p+\nu)$$
$$- E[\omega_{i(t)}])\left\{1 - F_{\alpha_i}\left[\frac{Q_{i(t)}}{x_{i(t)}}\right]\right\} \quad (4-5)$$

对式（4-5）求订货量 $Q_{i(t)}$ 的二阶导得：

$$\frac{\partial^2 \Pi_{(t)}[Q_{1(t)}, Q_{2(t)}]}{\partial [Q_{i(t)}]^2} = \frac{-1}{x_{i(t)}} f_{\alpha_i}\left[\frac{Q_{i(t)}}{x_{i(t)}}\right]\left(-(p-s+\nu)E\{F_y[Q_{i(t)} + \min[Q_{j(t)}, \alpha_j x_{j(t)}]\}\right.$$
$$\left. + (p+\nu) - E[\omega_{i(t)}]\right) - \left\{1 - F_{\alpha_i}\left[\frac{Q_{i(t)}}{x_{j(t)}}\right]\right\}(p-s+\nu)$$
$$\times E\{f_y[Q_{i(t)} + \min(Q_{j(t)}, \alpha_j x_{j(t)})]\}$$

$$\frac{\partial^2 \Pi_{(t)}[Q_{1(t)}, Q_{2(t)}]}{\partial Q_{i(t)} \partial Q_{j(t)}} = -(p-s+\nu)f_y[Q_{i(t)} + Q_{j(t)}]\left\{1 - F_{\alpha_i}\left[\frac{Q_{i(t)}}{x_{i(t)}}\right]\right\}\left\{1 - F_{\alpha_j}\left[\frac{Q_{j(t)}}{x_{j(t)}}\right]\right\}$$

明显有：$\dfrac{\partial^2 \Pi_{(t)}[Q_{1(t)},Q_{2(t)}]}{\partial Q_{i(t)} \partial Q_{j(t)}} > \dfrac{\partial^2 \Pi_{(t)}[Q_{1(t)},Q_{2(t)}]}{\partial [Q_{i(t)}]^2}$,

因为：

$\dfrac{\partial^2 \Pi_{(t)}[Q_{1(t)},Q_{2(t)}]}{\partial [Q_{i(t)}]^2} < 0;\ \dfrac{\partial^2 \Pi_{(t)}[Q_{1(t)},Q_{2(t)}]}{\partial Q_{i(t)} \partial Q_{j(t)}} < 0$,

所以：

$\left|\dfrac{\partial^2 \Pi_{(t)}[Q_{1(t)},Q_{2(t)}]}{\partial [Q_{i(t)}]^2}\right| > \left|\dfrac{\partial^2 \Pi_{(t)}[Q_{1(t)},Q_{2(t)}]}{\partial Q_{i(t)} \partial Q_{j(t)}}\right|$。海赛矩阵为：

$\begin{bmatrix} \dfrac{\partial^2 \Pi_{(t)}[Q_{1(t)},Q_{2(t)}]}{\partial Q_{1(t)} \partial Q_{1(t)}} & \dfrac{\partial^2 \Pi_{(t)}[Q_{1(t)},Q_{2(t)}]}{\partial Q_{1(t)} \partial Q_{2(t)}} \\ \dfrac{\partial^2 \Pi_{(t)}[Q_{1(t)},Q_{2(t)}]}{\partial Q_{2(t)} \partial Q_{1(t)}} & \dfrac{\partial^2 \Pi_{(t)}[Q_{1(t)},Q_{2(t)}]}{\partial Q_{2(t)} \partial Q_{2(t)}} \end{bmatrix}$，所以 $H_1 = \dfrac{\partial^2 \Pi_{(t)}[Q_{1(t)},Q_{2(t)}]}{\partial Q_{1(t)} \partial Q_{1(t)}} < 0$;

$H_2 = \dfrac{\partial^2 \Pi_{(t)}[Q_{1(t)},Q_{2(t)}]}{\partial Q_{1(t)} \partial Q_{1(t)}} \dfrac{\partial^2 \Pi_{(t)}[Q_{1(t)},Q_{2(t)}]}{\partial Q_{2(t)} \partial Q_{2(t)}}$

$\qquad - \dfrac{\partial^2 \Pi_{(t)}[Q_{1(t)},Q_{2(t)}]}{\partial Q_{1(t)} \partial Q_{2(t)}} \dfrac{\partial^2 \Pi_{(t)}[Q_{1(t)},Q_{2(t)}]}{\partial Q_{2(t)} \partial Q_{1(t)}} > 0$

可知以上海赛矩阵负定，函数存在唯一最优解，此时 JIT 装配企业利润函数最大。令式（4-5）为零，可知：$F_{\alpha_i}\left[\dfrac{Q_{i(t)}}{x_{i(t)}}\right] - 1 = 0$，或：

$$-(p - s + v)E\{F_y[Q_{i(t)} + d_{j(t)}]\} + (p + v) - E[\omega_{i(t)}] = 0 \quad (4-6)$$

因供应商的生产量随着供应商生产能力的变化而随时变化，不可能一直等于订货量，所以：$F_{\alpha_i}\left[\dfrac{Q_{i(t)}}{x_{i(t)}}\right] \neq 1$。只有：

$$\begin{aligned} E\{F_y[Q_{i(t)} + d_{j(t)}]\} &= \int_{m_j}^{\frac{Q_{j(t)}}{x_{j(t)}}} F_y[Q_{i(t)} + \alpha_j x_{j(t)}] f_{\alpha_j}(\alpha_j) d\alpha_j \\ &\quad + \int_{\frac{Q_{j(t)}}{x_{j(t)}}}^{1} F_y[Q_{i(t)} + Q_{j(t)}] f_{\alpha_j}(\alpha_j) d\alpha_j \\ &= \dfrac{(p + v) - E[\omega_{i(t)}]}{p - s + v} \end{aligned} \quad (4-7)$$

证毕。

定理 4.2 在可变价格策略下，当 JIT 装配企业给海外供应商的初始采购价小于海外市场价均值时，订货量随风险分担因子的增加而减小；当初始价大于海外市场价均值时，订货量随风险分担因子的增加而增加。

证明：对式（4-7）求风险分担因子的一阶导数，可得：

$$\frac{\partial(E\{F_y[Q_{i(t)}+d_{j(t)}]\})}{\partial \gamma} = \frac{\partial(E\{F_y[Q_{i(t)}+d_{j(t)}]\})}{\partial Q_{i(t)}} \frac{\partial Q_{i(t)}}{\partial \gamma}$$

$$= -\frac{1}{p-s+\nu}\frac{\partial E[\omega_{i(t)}]}{\partial \gamma}$$

所以有：$\frac{\partial Q_{1(t)}}{\partial \gamma} = \frac{-(\mu_{\omega_t}-\omega_c)}{(p-s+\nu)E\{f_y[Q_{1(t)}+d_{2(t)}]\}}$。因此，当 $\mu_{\omega_t}-\omega_c<0$ 时，$\frac{\partial Q_{1(t)}}{\partial \gamma}>0$，JIT 装配企业对海外供应商的订货量随着风险分担因子的增加而增加；当 $\mu_{\omega_t}-\omega_c>0$ 时，$\frac{\partial Q_{1(t)}}{\partial \gamma}<0$，JIT 装配企业对海外供应商的订货量随着风险分担因子的增加而减少。

因为：$\frac{\partial(E\{F_y[Q_{i(t)}+d_{j(t)}]\})}{\partial \gamma} = \frac{\partial(E\{F_y[Q_{i(t)}+d_{j(t)}]\})}{\partial Q_{j(t)}} \frac{\partial Q_{j(t)}}{\partial \gamma}$

$$= -\frac{1}{p-s+\nu}\frac{\partial E[\omega_{i(t)}]}{\partial \gamma}$$

所以：$\frac{\partial Q_{j(t)}}{\partial \gamma} = \frac{-1}{p-s+\nu} \frac{\frac{\partial E[\omega_{i(t)}]}{\partial \gamma}}{\frac{\partial(E\{F_y[Q_{i(t)}+d_{j(t)}]\})}{\partial Q_{j(t)}}}$

$$= \frac{-(\mu_{\omega_t}-\omega_c)}{p-s+\nu} \frac{1}{\int_{\frac{Q_{j(t)}}{x_{j(t)}}}^{1} f_y[Q_{i(t)}+Q_{j(t)}]f_{\alpha_j}(\alpha_j)\mathrm{d}\alpha_j}$$

因此，当 $\mu_{\omega_t}-\omega_c<0$ 时，$\frac{\partial Q_{2(t)}}{\partial \gamma}>0$，JIT 装配企业对本地供应商的订货量随着风险分担因子的增加而增加；当 $\mu_{\omega_t}-\omega_c>0$ 时，$\frac{\partial Q_{2(t)}}{\partial \gamma}<0$，JIT 装配企业对本地供应商的订货量随着风险分担因子的增加而减少。证毕。

定理 4.3 JIT 装配企业采取可变价格策略时，对两个供应商的订货量随着海外供应商初始采购价的增加而减少，减少而增加。

证明：因为 $\frac{\partial(E\{F_y[Q_{i(t)}+d_{j(t)}]\})}{\partial \omega_c} = \frac{\partial(E\{F_y[Q_{i(t)}+d_{j(t)}]\})}{\partial Q_{i(t)}} \frac{\partial Q_{i(t)}}{\partial \omega_c}$

$$= -\frac{-(1-\gamma)}{p-s+\nu}\frac{\partial E[\omega_{i(t)}]}{\partial \omega_c}$$

第4章 交货价格不可靠条件下的JIT装配企业双源采购决策

所以有：$\dfrac{\partial Q_{i(t)}}{\partial \omega_c} = \dfrac{-(1-\gamma)}{(p-s+\nu)\dfrac{\partial (E\{F_y[Q_{i(t)}+d_{j(t)}]\})}{\partial Q_{i(t)}}}$

$= \dfrac{-(1-\gamma)}{(p-s+\nu)E\{f_y[Q_{i(t)}+d_{j(t)}]\}} < 0$

因为：$\dfrac{\partial (E\{F_y[Q_{i(t)}+d_{j(t)}]\})}{\partial \omega_c} = \dfrac{\partial (E\{F_y[Q_{i(t)}+d_{j(t)}]\})}{\partial Q_{j(t)}} \dfrac{\partial Q_{j(t)}}{\partial \omega_c}$

$= -\dfrac{-(1-\gamma)}{(p-s+\nu)} \dfrac{\partial E[\omega_{i(t)}]}{\partial \omega_c}$

所以：$\dfrac{\partial Q_{j(t)}}{\partial \omega_c} = \dfrac{-(1-\gamma)}{(p-s+\nu)} \dfrac{\partial E[\omega_{i(t)}]}{\partial \omega_c} \dfrac{1}{\dfrac{\partial (E\{F_y[Q_{i(t)}+d_{j(t)}]\})}{\partial Q_{j(t)}}}$

$= \dfrac{-(1-\gamma)}{(p-s+\nu)\int_{\frac{Q_{j(t)}}{x_{j(t)}}}^{1} f_y[Q_{i(t)}+Q_{j(t)}]f_{\alpha_j}(\alpha_j)\mathrm{d}\alpha_j} < 0$

因此JIT装配企业向两个供应商的采购量与JIT装配企业向海外供应商的初始采购价格成反比。证毕。

4.4 算例分析与管理启示

对JIT装配企业而言，产品的单位销售价格p，单位残值s，单位缺货损失ν均是固定值，不可改变。向海外供应商1的采购价格是与市场价格相关的随机变量，与双方谈判所得的风险分担因子和初始的采购价格有关。所以以下的灵敏度分析部分将研究JIT装配企业初始的采购价格、风险分担因子对最优决策的影响。

4.4.1 最优决策与最优利润

假设一个JIT装配企业分别向一个海外供应商和一个国内供应商采购零部件，基本参数如下所示：市场需求$y \in [200, 300]$的均匀分布，其概率密度函数$f_y(y) = 1/(300-200)$。供应商i的随机产出率α_i均满足$[0, 1]$上的均匀分布。

海外供应商零部件的随机市场价格满足$[40, 60]$上的均匀分布，即

$\mu_{\omega_{(t)}} = 50$。可变价格策略下，单位采购价 $\omega_c = 46$，$\omega_2 = 53$，且其中的风险分担因子 $\gamma = 0.5$，$E(\omega_t) = \mu_{\omega_t} = 50$。供应商的单位生产成本 $c_1 = 20$，$c_2 = 25$，JIT 装配企业的单位销售价格 $p = 150$。产品的单位残值 $s = 70$，单位缺货损失 $v = 50$。

采用 Matlab，将 JIT 装配企业向两个供应商的订货量（图 4-1 中用 Q_1，Q_2 表示）作为 x，y 两个变化坐标变量，将 JIT 装配企业利润（图 4-1 中用 T 表示）作为 z 坐标变量，可画出 JIT 装配企业期望利润随着向两个供应商订货量变化的三维图 4-1。从图 4-1 中可以看出，无论是否考虑供应商供应中断的影响，JIT 装配企业最优期望利润的图像都有一个上凸的趋势，说明 JIT 装配企业期望利润确实存在最优值，最优值就是图 4-1 中凸出的最高点。

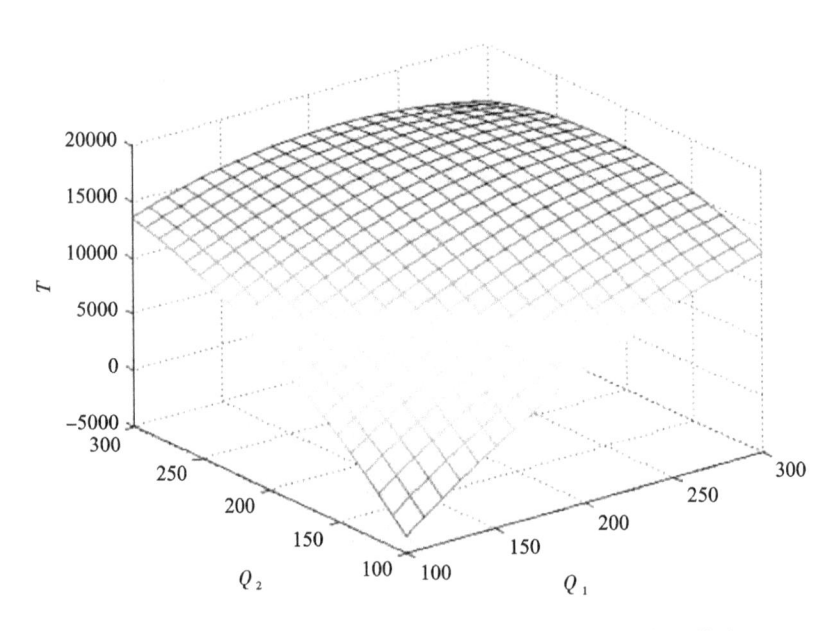

图 4-1　JIT 装配企业可变价格策略下的利润与两个订货量的关系

以下分别求解可变价格策略下供应商最优生产量，JIT 装配企业最优订货量。求解过程是：将以上基本参数代入各式，联立式（4-2）与式（4-7）可解得，供应商最优的生产量（$x_{1(t)}$，$x_{2(t)}$），JIT 装配企业最优的订货量（$Q_{1(t)}$，$Q_{2(t)}$），再将最优订货量和最优生产量代入式（4-1）和式（4-4）中可解得，两供应商最优的期望利润 $\Pi_{i(t)}$ 和 JIT 装配企业最优期望利润 $\Pi_{(t)}$。

且在求解中发现，确实只有一组非零解，与定理 4.1 一致。

JIT 装配企业对海外供应商采取可变价格策略下的双源采购最优决策与最优利润如表 4-1 所示。

表 4-1 可变价格策略下的最优解

$x_{1(t)}$	$x_{2(t)}$	$Q_{1(t)}$	$Q_{2(t)}$	$\Pi_{1(t)}$	$\Pi_{2(t)}$	$\Pi_{(t)}$
237.04	201.23	216.38	195.45	904.94	297.44	14838.88

4.4.2 灵敏度分析

本章研究重点在 JIT 装配企业对海外供应商可变价格策略下 JIT 装配企业的双源采购最优决策，以及风险分担因子与初始采购价格对最优决策的影响。灵敏度分析部分首先分析风险分担因子对最优决策与最优利润的影响，然后分析 JIT 装配企业对海外供应商初始价格对最优决策与最优利润的影响。

（一）可变价格中风险分担因子的影响

采用 4.4.1 节中的基本数据，可知 $\omega_c = 46 < \mu_{\omega_{(t)}}$（$= 50$），再根据定理 4.2 可知，JIT 装配企业对海外供应商的订货量随着风险分担因子的增加而减少。首先改变风险分担因子的大小，使其从 0.1 增加到 0.9，可得最优的订货量与最优的利润如表 4-2 所示。

表 4-2 风险分担因子的影响

α	$x_{1(t)}$	$x_{2(t)}$	$Q_{1(t)}$	$Q_{2(t)}$	$\Pi_{1(t)}$	$\Pi_{2(t)}$	$\Pi_{(t)}$
0	232.71	203.08	217.00	197.25	673.73	300.18	14973.52
0.1	233.59	202.69	216.88	196.87	719.75	299.60	14947.22
0.2	234.47	202.31	216.77	196.50	765.93	299.04	14920.88
0.3	235.33	201.94	216.64	196.14	812.15	298.49	14893.70
0.4	236.19	201.58	216.52	195.79	858.53	297.96	14866.50
0.5	237.04	201.23	216.38	195.45	904.94	297.44	14838.88
0.6	237.87	200.88	216.25	195.12	951.49	296.94	14810.08
0.7	238.70	200.55	216.11	194.79	998.11	296.44	14781.68
0.8	239.52	200.22	215.97	194.47	1044.83	295.95	14752.51
0.9	240.33	199.90	215.82	194.16	1091.59	295.48	14722.98

从表 4-2 中可以看到，当 JIT 装配企业对海外供应商初始的采购价格小于海外市场价格均值时，随着风险分担因子的增大，JIT 装配企业分担海外供应商的市场风险越多，从海外供应商处订货越少，从国内供应商处订货也越少；同时海外供应商的生产量却随着 JIT 装配企业分担市场风险的增加而增加，但本地供应商的生产量随着 JIT 装配企业分担海外供应商的市场风险的增加而减少。同时 JIT 装配企业的利润随着自身分担海外供应商市场风险的增加而减少，海外供应商的利润随着 JIT 装配企业分担市场价格风险的增加而增加，本地供应商的利润随着 JIT 装配企业分担海外供应商市场风险的增加而减少。

以上研究表明，JIT 装配企业分担海外市场价格变化的风险越多，海外供应商越有积极性生产，海外供应商由于 JIT 装配企业分担自身的市场价格风险而增加了生产量，导致自身利润提高。

（二）海外供应商初始价格的影响

由定理 4.3 可知，JIT 装配企业对两个供应商的订货量随着初始采购价格的增加而减少，减少而增加，改变 JIT 装配企业与供应商之间的初始采购价格，重新计算各个最优值，也按 4.4.1 节的求法，可得表 4-3。

表 4-3　JIT 装配企业给海外供应商初始价格的影响

ω_c	$x_{1(t)}$	$x_{2(t)}$	$Q_{1(t)}$	$Q_{2(t)}$	$\Pi_{1(t)}$	$\Pi_{2(t)}$	$\Pi_{(t)}$
40	230.45	204.08	217.27	198.22	559.16	301.66	15035.79
42	232.71	203.08	217.00	197.25	673.73	300.18	14973.52
44	234.90	202.13	216.70	196.32	789.01	298.76	14907.54
46	237.04	201.23	216.38	195.45	904.94	297.44	14838.88
48	239.11	200.38	216.04	194.63	1021.46	296.19	14766.95
50	241.13	199.58	215.67	193.85	1138.44	295.01	1469.27
52	243.08	198.83	215.28	193.12	1255.86	293.89	14615.57
54	244.98	198.12	214.86	192.43	1373.59	292.84	14536.07
56	246.82	197.46	214.42	191.79	1491.62	291.87	14454.39
58	245.57	198.09	213.34	192.40	1604.77	292.80	14314.43
60	250.34	196.25	213.49	190.61	1728.38	290.07	14280.42

从表 4-3 中可以看出：随着 JIT 装配企业给供应商初始价格的提高，JIT 装配企业向海外供应商的订货量越来越少，但是海外供应商的生产量却越来越

多；JIT 装配企业给本地供应商的订货量也越来越少，本地供应商的生产量也越来越少；同时，海外供应商的利润随着 JIT 装配企业给海外供应商的初始价格越来越大，海外供应商的利润也越来越大，但本地供应商的利润越来越小，JIT 装配企业的利润也越来越小。

以上的研究表明：JIT 装配企业与海外供应商的初始采购价格的谈判非常重要，不仅影响着双方的利润，还影响着本地供应商的利润。

4.5　本章小结

在双源采购中，为了利用国际资源的优势，难免会从国际供应商处采购零部件，但是国际供应商的零部件价格受到国际市场的影响，JIT 装配企业与供应商都不愿意单独承担零部件国际市场价格变化的风险，因此研究 JIT 装配企业对海外供应商采用可变采购价格下的双源采购问题满足了实际的需要。

本章在供应与需求均随机时，基于海外供应商随机的市场价格，首先提出了 JIT 装配企业对海外供应商的可变价格策略，然后证明了 JIT 装配企业采用可变价格策略时，可以获得更低的市场价格风险，接着构建了一个 JIT 装配企业向一个面临随机市场价格的海外供应商和一个稳定价格的本地供应商采购的双源采购模型。证明了此模型存在 JIT 装配企业向两个供应商最优的订货量，和两个供应商最优的生产量。研究重点分析了 JIT 装配企业采取可变价格策略时，风险分担因子与 JIT 装配企业给海外供应商的初始采购价对最优决策的影响。

本章研究表明：①面临海外随机市场价格变化时，JIT 装配企业采取可变价格策略可以降低海外市场价格变化风险。②在可变价格策略下，JIT 装配企业存在最优的向两个供应商的订货量，两个供应商也存在最优的生产量，使得 JIT 装配企业利润与两个供应商利润均最优。③同时，JIT 装配企业对两个供应商的最优订货量与风险分担因子之间的关系取决于 JIT 装配企业对海外供应商的初始采购价与海外市场价格均值之间的关系，当前者大于后者时，JIT 装配企业对两个供应商最优的订货量随着风险分担因子的增加而增加；当后者大于前者时，JIT 装配企业对两个供应商的最优订货量随着风险分担因子的减少而增加。同时 JIT 装配企业对两个供应商最优订货量随着 JIT 装配企业对海外供应商的初始采购价增加而减少，减少而增加。

第5章 供应质量不同条件下的JIT装配企业双源采购决策

5.1 引言

第4章主要针对双源采购中出现的海外供应商价格风险,采用JIT装配企业对其采用可变价格策略下的双源采购问题进行了相关研究,同时也应该认识到质量问题一直是运营管理中非常关键的问题。尤其在中国的食品卫生等行业,产品质量问题引起社会舆论的普遍关注,已成为学术界热点研究的前沿领域之一。如2005年开始的"苏丹红"事件,不仅让采用"苏丹红"为食品添加剂的生产商损失惨重,更让曾经采用过"苏丹红"的生产商受到不同程度的损失,如中国的肯德基在4天之内损失2600万元,亨氏美味源食品公司损失1000万元,用于罚款、退货等费用。同时中国奶粉的三聚氰胺事件使得中国妈妈再也不相信中国奶源,纷纷开始采购海外奶粉,顿时德国、澳大利亚等国家奶粉被中国人抢购一空,各国奶粉纷纷限购。双汇集团在"瘦肉精"事件曝光后的一个月内经济损失超过121亿元(李静,2011)。在汽车行业,因安全气囊充气装置存在质量缺陷问题,已经影响到包括本田、丰田、日产、通用、福特、宝马、奔驰等在内的多家世界品牌汽车装配企业的供应能力,截止到2015年1月1日,各装配企业在全球范围内召回的车辆多达2000万辆(朱津津,2015)。因此对供应商供货质量不可靠的管理也成为制造供应链管理中非常重要的问题。

双源采购降低了采购的风险,为装配企业获得了更好的采购价格,成为很多企业普遍采用的一种采购策略(Choi, Wu, 2005)。双源采购虽有诸多优势，但也带来了新的问题：两个供应商同时供应一种零部件，零部件的质量如何统一？这样的问题也确实存在，如韩国著名的面膜生产商可莱丝，同时向本地与日本采购面膜纸，但日本面膜纸质量更高，导致生产的面膜质量不统一，消费者一度因为害怕买到采用差面膜纸生产的面膜而转向别的商家。同时在网购中也经常发现，同一时间购买的产品都存在很大质量差距，商家经常解释说是：产品的零部件来自于不同供应商。同时装配企业大部分的质量都是由供应商决定的，因为装配企业大部分生产的零部件都是采购的，控制好供应商的质量就相当于控制好了装配企业产品的质量。福特公司的质量检测报告显示，公司最终产品的质量，76%以上都是由零部件供应商的质量决定的（Sherefkin，2002）。因此统一了双源采购供应商的质量就很容易统一最终产品的质量。

近年来本人与课题组成员在中国汽车行业调查中也发现，中国多数汽车企业，如长春一汽、武汉神龙、上海通用、柳州五铃、重庆长安、广汽本田和广汽丰田等，都采用类似丰田精益生产系统的供应商管理方法，帮助供应商进行质量改善，充分利用了自身的条件：首先，在汽车行业，主机厂具有比供应商更好的质量管理技术和经验，因此制造商具备协助供应商开展缺陷改善活动的技术和管理能力；其次，汽车厂一般资本雄厚，有资金实力帮助供应商进行质量改善；最后，协助供应商改善产品质量，符合精益生产中持续改善的要求。同时帮助供应商改善缺陷提高质量，制造商也可从别的地方得到回报，比如制造商可以获得更好的产品质量，从而提高自身的知名度，销售更多的产品，获得更多的利润。因此本书假设制造商对高缺陷率供应商进行缺陷改善投资。本书的研究是对现实管理问题的提炼，来源于现实企业，有很强的实际背景和应用价值。

标杆管理是20世纪90年代三大管理方法之一。在企业管理中，标杆管理一直是一种很好的管理方法。周卓儒等（2003）提出了基于标杆管理的DEA算法，用以对公共管理部门进行绩效评价。因此本章将标杆管理的思想运用在质量改善中，即将缺陷率低的供应商质量作为质量改善的标杆，是非常合适的。

以上分析显示，对于双源采购中的质量不统一问题值得研究，但现有研究主要集中在不同的零部件供应商供应不同零部件之间的协调与决策问题，很少有文献研究双供应商供应相同零部件的质量管理问题，更少有文献研究涉及质量投资用于解决双源采购中的质量不统一问题。为了弥补现有研究的不足,本章研究了在供需不确定的情况下,一个 JIT 装配企业向两个质量水平不同的供应商采购相同零部件的采购决策问题,分别研究了 JIT 装配企业在先进行缺陷改善投资后进行订货与缺陷改善投资与订货同时决策两种情况下,JIT 装配企业最优的订货决策和供应商最优的生产决策,比较分析了 JIT 装配企业在两种情况下的最优利润,同时讨论了供应商质量水平和投资成功率对 JIT 装配企业利润的影响。

5.2 问题描述、符号说明与基本假设

本研究的概念模型如图 5 - 1 所示:假设一个 JIT 装配企业向两个质量水平不同的供应商采购同种零部件,供应商 1 的质量高,供应商 2 的质量低。每个供应商均存在一定的生产不确定性,计划产量为 $x_i(i=1,2)$ 时,有效产量仅为 $\alpha_i x_i$,其中 α_i 为生产扰动因子,主要由于生产中存在的意外造成的生产能力损失,其密度函数与分布函数分别为 $f_{\alpha_i}(\alpha_i)$,$F_{\alpha_i}(\alpha_i)$。

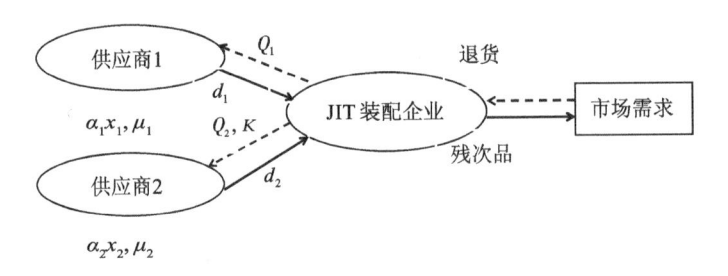

图 5 - 1 供应商质量不统一时的双源采购概念模型

JIT 装配企业不检验而直接接收供应商 $i(i=1,2)$ 的零部件,单位价格为 ω_i,因高质量对应高价格,有 $\omega_1 > \omega_2$。

现实中,绝大多数企业在生产中用产品的不合格率代表产品质量(如企业一般采用不合格品率控制图控制质量),但是英文里用 perfect 表示产品合格,翻译成中文即完美的意思,英文里用 imperfect 表示产品不合格,翻译成中文即不完美。从汉语来讲,不完美即有缺陷。因此,本书所说的缺陷率实际就表示产品不合格水平,即不合格率,和我国企业的质量不合格率概念意义是

第5章 供应质量不同条件下的JIT装配企业双源采购决策

一样的。产品的质量水平越高缺陷率越低,质量水平越低缺陷率越高。假设供应商 i 的质量水平为 μ_i,则缺陷率为 $1-\mu_i$,有 $1-\mu_1 < 1-\mu_2$。

假设将使用缺陷零部件生产的产品卖给顾客,顾客会要求退货,JIT装配企业会付出额外的代价 c_f,用于返修以及补偿对JIT装配企业商誉的影响等花费。

JIT装配企业将缺陷率低供应商1的质量水平作为缺陷改善的标杆,对供应商2进行缺陷改善投资,改善的目的是使两个供应商质量一致。假设JIT装配企业给供应商2的投资为固定值 K。供应商2的缺陷率 $1-\mu_2$ 降低到供应商1的水平 $1-\mu_1$ 时,叫投资成功,成功的概率为 θ,否则为失败,失败的概率为 $1-\theta$。

假设JIT装配企业面临的随机市场需求为 y,概率密度与分布函数分别为 $f_y(y)$,$F_y(y)$。JIT装配企业的单位销售价格为 p,单位残值为 s,单位缺货损失为 v。且 $n^+ = \max(0, n)$,此处 n 代表下面出现的任何一个变量。另有 $i = 1, 2$ 时,$j = 2, 1$。

本章的问题是面对质量存在差异的两个供应商,当JIT装配企业对供应商进行质量改善投资活动时,存在两个策略:①先进行缺陷改善投资后再进行采购订货;②采购决策和缺陷改善投资同时进行。这两个策略哪个策略最优?这两种策略下JIT装配企业的最优订货决策与供应商的最优生产决策是什么?

由于投资改善是否成功是一个随机事件,存在成功或者失败两种可能,因此我们的决策是一个风险决策,可以用风险决策树描述(如图5-2所示)。图5-2中有两个策略,A 代表先进行改善投资再订货,B 代表改善投资和订货同时进行。由于改善投资有两种结果,成功或者失败,策略 A 因为先进行缺陷改善后决策订货量,所以又有两种情况:$A1$ 和 $A2$。

为了让研究有意义,主要假设有:

假设1:JIT装配企业与两个供应商均为风险中性的,且信息对称,决策者完全理性。

假设2:不考虑JIT装配企业的生产质量水平,只考虑供应商零部件存在的缺陷问题。

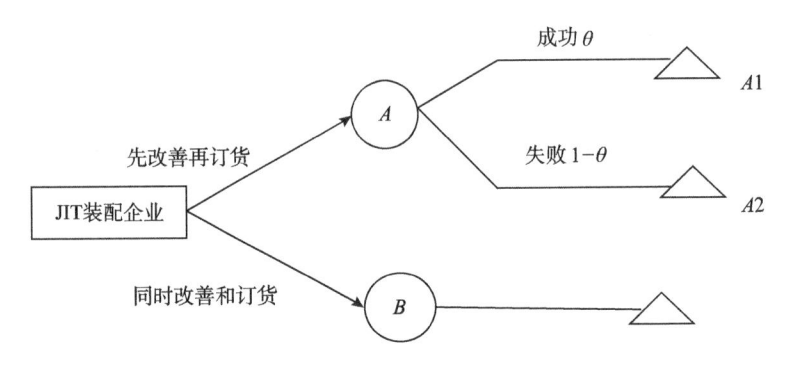

图 5-2 JIT 装配企业的决策树

5.3 模型构建

JIT 装配企业与供应商之间的博弈是一个斯坦伯格博弈过程。JIT 装配企业始终是领导者，先决定订货量（比如现实中的丰田企业，其自身的资金、技术都比其他的供应商强很多，所以供应商总是按照汽车厂的要求来生产，供应商是跟随者），后决定生产量。采用反向求解的方法，先假定 JIT 装配企业订货量已知，求解供应商最优的生产量满足的方程式，然后求解 JIT 装配企业的最佳订货量满足的方程式，然后联立两个方程式可解得 JIT 装配企业最优订货量与供应商最优生产量。

5.3.1 供应商最优生产量

在 JIT 装配企业的采购价 ω_i 下，供应商的计划产量为 $x_i(i=1,2)$ 时，JIT 装配企业接收供应商 $i(i=1,2)$ 的零部件数量为 d_i^m（$m=A1, A2, B$）：

$$d_i^m = \min(Q_i^m, \alpha_i x_i^m)$$

此时供应商 i 的利润函数为：

$$\pi_i^m(x_i^m) = \omega_i d_i^m - c_i x_i^m \ (m=A1, A2, B)$$

因此供应商的期望利润用 $\Pi_i^m(x_i^m)$ 表示为：

$$\Pi_i^m(x_i^m) = \omega_i E(d_i^m) - c_i x_i^m \ (m=A1, A2, B)$$

假定 JIT 装配企业的订货量 Q_i^m 已知，可得供应商最优生产量 x_i^m 满足如下条件：

第 5 章 供应质量不同条件下的 JIT 装配企业双源采购决策

$$\omega_i \int_0^{\frac{Q_i^m}{x_i^m}} \alpha_i f_{\alpha_i}(\alpha_i) \mathrm{d}\alpha_i = c_i (m = A1, A2, B) \tag{5-1}$$

证明：对供应商期望利润函数求一阶、二阶导数，可得：

$$\frac{\partial \Pi_i^m(x_i^m)}{\partial x_i^m} = \omega_i \int_0^{\frac{Q_i^m}{x_i^m}} \alpha_i f_{\alpha_i}(\alpha_i) \mathrm{d}\alpha_i - c_i (m = A1, A2, B)$$

$$\frac{\partial^2 \Pi_i^m(x_i^m)}{\partial (x_i^m)^2} = -\omega_i \frac{(Q_i^m)^2}{(x_i^m)^3} f_{\alpha_i}(\frac{Q_i^m}{x_i^m}) < 0$$

因为二阶导数小于零，可知当一阶导为零时，供应商期望利润存在唯一最大值，条件为：$\omega_i \int_0^{\frac{Q_i^m}{x_i^m}} \alpha_i f_{\alpha_i}(\alpha_i) \mathrm{d}\alpha_i = c_i (m = A1, A2, B)$。证毕。

本章研究重点在 JIT 装配企业对质量差的供应商 2 进行缺陷改善投资的不同策略下最优的订货量，但供应商生产量会影响其供应量，从而影响 JIT 装配企业的决策，所以先求解供应商最优生产量。

5.3.2 JIT 装配企业最优订货量

（一）策略 A：先进行缺陷改善投资后订货

在策略 A 下，JIT 装配企业决策订货量时，已经知道缺陷改善的结果，可以根据改善是否成功来决定订货量，下面将分为投资成功与失败两种情况分析。

1. $A1$：改善投资成功后再订货时 JIT 装配企业的最优决策

当 JIT 装配企业对供应商 2 进行缺陷改善成功时，供应商 2 的缺陷率降低到供应商 1 的水平，即 $1 - \mu_2 = 1 - \mu_1$。假设此时 JIT 装配企业向供应商 i 的订货量为 Q_i^{A1}，有 $\sum_{i=1}^{2} d_i^{A1} = \sum_{i=1}^{2} \min(Q_i^{A1}, \alpha_i x_i^{A1})$，JIT 装配企业利润函数用 π^{A1} 表示为：

$$\pi^{A1}(Q_1^{A1}, Q_2^{A1}) = p\min(y, \sum_{i=1}^{2} d_i^{A1}) + s(\sum_{i=1}^{2} d_i^{A1} - y)^+ - v(y - \sum_{i=1}^{2} d_i^{A1})^+$$

$$- \sum_{i=1}^{2} [(p + c_f)(1 - \mu_1) + \omega_i] d_i^{A1} - K \tag{5-2}$$

因为：$-(y - \sum_{i=1}^{2} d_i^{A1})^+ = -\max(y - \sum_{i=1}^{2} d_i^{A1}, 0) = (\sum_{i=1}^{2} d_i^{A1} - y) - (\sum_{i=1}^{2} d_i^{A1} - y)^+$

所以：

$$p\min(y, \sum_{i=1}^{2} d_i^{A1}) = -p\max(-y, -\sum_{i=1}^{2} d_i^{A1}) = p\sum_{i=1}^{2} d_i^{A1} - p\max(\sum_{i=1}^{2} d_i^{A1} - y, 0)$$

$$= p\sum_{i=1}^{2} d_i^{A1} - p(\sum_{i=1}^{2} d_i^{A1} - y)^+$$

以上利润函数可化简为：

$$\pi^{A1}(Q_1^{A1}, Q_2^{A1}) = -(p - s + \nu)(\sum_{i=1}^{2} d_i^{A1} - y)^+ + (p + \nu)\sum_{i=1}^{2} d_i^{A1} - \nu y$$

$$- \sum_{i=1}^{2} [(p + c_f)(1 - \mu_1) + \omega_i] d_i^{A1} - K \qquad (5-3)$$

JIT 装配企业此时的期望利润用 $\Pi^{A1}(Q_1^{A1}, Q_2^{A1})$ 表示为：

$$\Pi^{A1}(Q_1^{A1}, Q_2^{A1}) = -(p - s + \nu)E[(\sum_{i=1}^{2} d_i^{A1} - y)^+] + (p + \nu)E(\sum_{i=1}^{2} d_i^{A1}) - \nu E(y)$$

$$- E\{\sum_{i=1}^{2} [(p + c_f)(1 - \mu_1) + \omega_i] d_i^{A1}\} - K$$

也可化简为：

$$\Pi^{A1}(Q_1^{A1}, Q_2^{A1}) = -(p - s + \nu)A^{A1} + (p + \nu)B^{A1} - \nu E(y)$$

$$- (p + c_f)(1 - \mu_1)B^{A1} - C^{A1} - K \qquad (5-4)$$

式中：$m = A1, A2, B$。

$$A^m = E[(\sum_{i=1}^{2} d_i^m - y)^+]$$

$$= \int_{\frac{Q_2^m}{x_2^m}}^{1} \int_{\frac{Q_1^m}{x_1^m}}^{1} \int_{0}^{Q_1^m + Q_2^m} (Q_1^m + Q_2^m - y) f_y(y) \mathrm{d}y f_{\alpha_1}(\alpha_1) \mathrm{d}\alpha_1 f_{\alpha_2}(\alpha_2) \mathrm{d}\alpha_2$$

$$+ \int_{0}^{\frac{Q_2^m}{x_2^m}} \int_{\frac{Q_1^m}{x_1^m}}^{1} \int_{0}^{Q_1^m + \alpha_2 x_2^m} (Q_1^m + \alpha_2 x_2^m - y) f_y(y) \mathrm{d}y f_{\alpha_1}(\alpha_1) \mathrm{d}\alpha_1 f_{\alpha_2}(\alpha_2) \mathrm{d}\alpha_2$$

$$+ \int_{0}^{\frac{Q_2^m}{x_2^m}} \int_{0}^{\frac{Q_1^m}{x_1^m}} \int_{0}^{\alpha_1 x_1^m + \alpha_2 x_2^m} (\alpha_1 x_1^m + \alpha_2 x_2^m - y) f_y(y) \mathrm{d}y f_{\alpha_1}(\alpha_1) \mathrm{d}\alpha_1 f_{\alpha_2}(\alpha_2) \mathrm{d}\alpha_2$$

$$+ \int_{\frac{Q_2^m}{x_2^m}}^{1} \int_{0}^{\frac{Q_1^m}{x_1^m}} \int_{0}^{\alpha_1 x_1^m + Q_2^m} (\alpha_1 x_1^m + Q_2^m - y) f_y(y) \mathrm{d}y f_{\alpha_1}(\alpha_1) \mathrm{d}\alpha_1 f_{\alpha_2}(\alpha_2) \mathrm{d}\alpha_2$$

$$B^m = E(\sum_{i=1}^{2} d_i^m)$$

$$= \int_{\frac{Q_2^m}{x_2^m}}^{1} \int_{\frac{Q_1^m}{x_1^m}}^{1} (Q_1^m + Q_2^m) f_{\alpha_1}(\alpha_1) \mathrm{d}\alpha_1 f_{\alpha_2}(\alpha_2) \mathrm{d}\alpha_2$$

$$+ \int_0^{\frac{Q_2^m}{x_2^m}} \int_{\frac{Q_1^m}{x_1^m}}^1 (Q_1^m + \alpha_2 x_2^m) f_{\alpha_1}(\alpha_1) d\alpha_1 f_{\alpha_2}(\alpha_2) d\alpha_2$$

$$+ \int_0^{\frac{Q_2^m}{x_2^m}} \int_0^{\frac{Q_1^m}{x_1^m}} (\alpha_1 x_1^m + \alpha_2 x_2^m) f_{\alpha_1}(\alpha_1) d\alpha_1 f_{\alpha_2}(\alpha_2) d\alpha_2$$

$$+ \int_{\frac{Q_2^m}{x_2^m}}^1 \int_0^{\frac{Q_1^m}{x_1^m}} (\alpha_1 x_1^m + Q_2^m) f_{\alpha_1}(\alpha_1) d\alpha_1 f_{\alpha_2}(\alpha_2) d\alpha_2$$

$$C^m = E\Big(\sum_{i=1}^2 \omega_i d_i^m\Big)$$

$$= \int_{\frac{Q_2^m}{x_2^m}}^1 \int_{\frac{Q_1^m}{x_1^m}}^1 (\omega_1 Q_1^m + \omega_2 Q_2^m) f_{\alpha_1}(\alpha_1) d\alpha_1 f_{\alpha_2}(\alpha_2) d\alpha_2$$

$$+ \int_0^{\frac{Q_2^m}{x_2^m}} \int_{\frac{Q_1^m}{x_1^m}}^1 (\omega_1 Q_1^m + \omega_2 \alpha_2 x_2^m) f_{\alpha_1}(\alpha_1) d\alpha_1 f_{\alpha_2}(\alpha_2) d\alpha_2$$

$$+ \int_0^{\frac{Q_2^m}{x_2^m}} \int_0^{\frac{Q_1^m}{x_1^m}} (\omega_1 \alpha_1 x_1^m + \omega_2 \alpha_2 x_2^m) f_{\alpha_1}(\alpha_1) d\alpha_1 f_{\alpha_2}(\alpha_2) d\alpha_2$$

$$+ \int_{\frac{Q_2^m}{x_2^m}}^1 \int_0^{\frac{Q_1^m}{x_1^m}} (\omega_1 \alpha_1 x_1^m + \omega_2 Q_2^m) f_{\alpha_1}(\alpha_1) d\alpha_1 f_{\alpha_2}(\alpha_2) d\alpha_2$$

$$D^m = E\Big\{\sum_{i=1}^2 [(p+c_f)(1-\mu_i)] d_i^m\Big\}$$

$$= (p+c_f)\Big\{\int_{\frac{Q_2^m}{x_2^m}}^1 \int_{\frac{Q_1^m}{x_1^m}}^1 [(1-\mu_1)Q_1^m + (1-\mu_2)Q_2^m] f_{\alpha_1}(\alpha_1) d\alpha_1 f_{\alpha_2}(\alpha_2) d\alpha_2$$

$$+ \int_0^{\frac{Q_2^m}{x_2^m}} \int_{\frac{Q_1^m}{x_1^m}}^1 [(1-\mu_1)Q_1^m + (1-\mu_2)\alpha_2 x_2^m] f_{\alpha_1}(\alpha_1) d\alpha_1 f_{\alpha_2}(\alpha_2) d\alpha_2$$

$$+ \int_0^{\frac{Q_2^m}{x_2^m}} \int_0^{\frac{Q_1^m}{x_1^m}} [(1-\mu_1)\alpha_1 x_1^m + (1-\mu_2)\alpha_2 x_2^m] f_{\alpha_1}(\alpha_1) d\alpha_1 f_{\alpha_2}(\alpha_2) d\alpha_2$$

$$+ \int_{\frac{Q_2^m}{x_2^m}}^1 \int_0^{\frac{Q_1^m}{x_1^m}} [(1-\mu_1)\alpha_1 x_1^m + (1-\mu_2)Q_2^m] f_{\alpha_1}(\alpha_1) d\alpha_1 f_{\alpha_2}(\alpha_2) d\alpha_2\Big\}$$

定理5.1 JIT装配企业存在唯一最优向供应商 i 的订货量，使得 JIT 装配企业利润最优。

证明： 对 $\Pi^{A1}(Q_1^{A1}, Q_2^{A2})$ 求向供应商 i 订货量 Q_i^{A1} 的一阶导数为：

$$\frac{\partial \Pi^{A1}(Q_1^{A1},Q_2^{A2})}{\partial Q_i^{A1}} = E\left(\frac{\partial d_i^{A1}}{\partial Q_i^{A1}}\right)\{-(p-s+\nu)E[F_y(\sum_{i=1}^{2}d_i^{A1})] + (p+\nu)$$
$$- [(p+c_f)(1-\mu_1) - \omega_i]\}$$

当 $Q_i^{A1} \geqslant \alpha_i x_i^{A1}$ 时，$\frac{\partial d_i^{A1}}{\partial Q_i^{A1}} = 0$；当 $Q_i^{A1} \leqslant \alpha_i x_i^{A1}$ 时，$\frac{\partial d_i^{A1}}{\partial Q_i^{A1}} = 1$，

所以有：

$$\frac{\partial \Pi^{A1}(Q_1^{A1},Q_2^{A2})}{\partial Q_i^{A1}} = \{-(p-s+\nu)E[F_y(Q_i^{A1}+d_j^{A1})] + (p+\nu)$$
$$- [(p+c_f)(1-\mu_1) + \omega_i]\}\left[1 - F_{\alpha_i}\left(\frac{Q_i^{A1}}{x_i^{A1}}\right)\right] \quad (5-5)$$

对式（5-5）求订货量 Q_i^{A1}，Q_j^{A1} 的二阶导数得：

$$\frac{\partial^2 \Pi^{A1}(Q_1^{A1},Q_2^{A2})}{\partial (Q_i^{A1})^2} = -\frac{1}{x_i^{A1}}f_{\alpha_i}\left(\frac{Q_i^{A1}}{x_i^{A1}}\right)\{-(p-s+\nu)E[F_y(Q_i^{A1}+d_j^{A1})]$$
$$+ (p+\nu) - [(p+c_f)(1-\mu_1) + \omega_i]\}$$
$$- (p-s+\nu)f_y(Q_i^{A1}+d_j^{A1})\left[1 - F_{\alpha_i}\left(\frac{Q_i^{A1}}{x_i^{A1}}\right)\right]$$

$$\frac{\partial^2 \Pi^{A1}(Q_1^{A1},Q_2^{A2})}{\partial Q_i^{A1}\partial Q_j^{A1}} = -(p-s+\nu)f_y(Q_i^{A1}+Q_j^{A1})\left[1 - F_{\alpha_i}\left(\frac{Q_i^{A1}}{x_i^{A1}}\right)\right]\left[1 - F_{\alpha_j}\left(\frac{Q_j^{A1}}{x_j^{A1}}\right)\right]$$

明显有：$\frac{\partial^2 \Pi^{A1}(Q_1^{A1},Q_2^{A2})}{\partial Q_i^{A1}\partial Q_j^{A1}} > \frac{\partial^2 \Pi^{A1}(Q_1^{A1},Q_2^{A2})}{\partial (Q_i^{A1})^2}$。因为：$\frac{\partial^2 \Pi^{A1}(Q_1^{A1},Q_2^{A2})}{\partial (Q_i^{A1})^2} < 0$；

$\frac{\partial^2 \Pi^{A1}(Q_1^{A1},Q_2^{A2})}{\partial Q_i^{A1}\partial Q_j^{A1}} < 0$，所以：$\left|\frac{\partial^2 \Pi^{A1}(Q_1^{A1},Q_2^{A2})}{\partial (Q_i^{A1})^2}\right| > \left|\frac{\partial^2 \Pi^{A1}(Q_1^{A1},Q_2^{A2})}{\partial Q_i^{A1}\partial Q_j^{A1}}\right|$。

海赛矩阵为：

$$\begin{bmatrix} \frac{\partial^2 \Pi^{A1}(Q_1^{A1},Q_2^{A2})}{\partial Q_1^{A1}\partial Q_1^{A1}} & \frac{\partial^2 \Pi^{A1}(Q_1^{A1},Q_2^{A2})}{\partial Q_1^{A1}\partial Q_2^{A1}} \\ \frac{\partial^2 \Pi^{A1}(Q_1^{A1},Q_2^{A2})}{\partial Q_2^{A1}\partial Q_1^{A1}} & \frac{\partial^2 \Pi^{A1}(Q_1^{A1},Q_2^{A2})}{\partial Q_2^{A1}\partial Q_2^{A1}} \end{bmatrix}$$，所以有：

$$H_1 = \frac{\partial^2 \Pi^{A1}(Q_1^{A1},Q_2^{A2})}{\partial Q_1^{A1}\partial Q_1^{A1}} < 0$$

$$H_2 = \frac{\partial^2 \Pi^{A1}(Q_1^{A1},Q_2^{A2})}{\partial Q_1^{A1}\partial Q_1^{A1}}\frac{\partial^2 \Pi^{A1}(Q_1^{A1},Q_2^{A2})}{\partial Q_2^{A1}\partial Q_2^{A1}} - \frac{\partial^2 \Pi^{A1}(Q_1^{A1},Q_2^{A2})}{\partial Q_1^{A1}\partial Q_2^{A1}}\frac{\partial^2 \Pi^{A1}(Q_1^{A1},Q_2^{A2})}{\partial Q_2^{A1}\partial Q_1^{A1}} > 0$$

可知以上海赛矩阵负定，JIT 装配企业的期望利润函数存在唯一最优向两个供应商的订货量使得 JIT 装配企业利润最大。

令式（5-5）为零，可知：$F_{\alpha_i}\left(\dfrac{Q_i^{A1}}{x_i^{A1}}\right) - 1 = 0$，或：

$$-(p - s + \nu)E[F_y(Q_i^{A1} + d_j^{A1})] + (p + \nu) - (p + c_f)(1 - \mu_1) - \omega_i = 0 \tag{5-6}$$

因供应商的生产量会随着供应商生产能力的变化随时变化，不可能随时都等于订货量，所以：$F_{\alpha_i}\left(\dfrac{Q_i^{A1}}{x_i^{A1}}\right) \neq 1$。只有式（5-6）成立，即：

$$\begin{aligned}
E[F_y(Q_i^{A1} + d_j^{A1})] &= \int_0^{\frac{Q_j^{A1}}{x_j^{A1}}} F_y(Q_i^{A1} + \alpha_j x_j^{A1}) f_{\alpha_j}(\alpha_j) \mathrm{d}\alpha_j \\
&\quad + \int_{\frac{Q_j^{A1}}{x_j^{A1}}}^1 F_y(Q_i^{A1} + Q_j^{A1}) f_{\alpha_j}(\alpha_j) \mathrm{d}\alpha_j \\
&= \dfrac{(p + \nu) - [(p + c_f)(1 - \mu_1) - \omega_i]}{p - s + \nu}
\end{aligned} \tag{5-7}$$

在式（5-1）与式（5-7）中只有供应商的生产量与 JIT 装配企业的订货量两个变量，因此联立式（5-1）与式（5-7）即可解得此时供应商最优生产量与 JIT 装配企业最优订货量。证毕。

对 JIT 装配企业而言，产品的单位销售价格 p，单位残值 s，单位缺货损失 ν 均是固定值，向两个供应商的采购价格 ω_i 是谈判所得，不可改变。因此 JIT 装配企业对供应商的最优订货量仅与生产扰动性 α_i，供应商的质量 μ_i 有关，但生产扰动性不是本章研究重点，因此以下仅讨论供应商产品质量对 JIT 装配企业订货量的影响。

定理 5.2 先对供应商 2 进行缺陷改善投资后订货且成功时，标杆供应商 1 的质量水平越高，JIT 装配企业向两个供应商的订货量越多。

证明： 因：

$$\dfrac{\partial \Pi^{A1}(Q_1^{A1}, Q_2^{A2})}{\partial Q_i^{A1}} = \left[1 - F_{\alpha_i}\left(\dfrac{Q_i^{A1}}{x_i^{A1}}\right)\right]\left\{-(p - s + \nu)E\left[F_y\left(\sum_{i=1}^2 d_i^{A1}\right)\right] \right.$$

$$\left. + (p + \nu) - [(p + c_f)(1 - \mu_1) - \omega_i]\right\}$$

又有：$\frac{\partial \Pi^{A1}(Q_1^{A1}, Q_2^{A1})}{\partial \mu_1} = (p + c_f)B^{A1}$，由隐函数求导法则可知：

$$\frac{\partial \Pi^{A1}(Q_1^{A1}, Q_2^{A1})}{\partial \mu_1} = \frac{\partial \Pi^{A1}(Q_1^{A1}, Q_2^{A1})}{\partial Q_i^{A1}} \frac{\partial Q_i^{A1}}{\partial \mu_1}，可得：$$

$$\frac{\partial Q_i^{A1}}{\partial \mu_1} = \frac{\partial \Pi^{A1}(Q_1^{A1}, Q_2^{A1})}{\partial \mu_1} \bigg/ \frac{\partial \Pi^{A1}(Q_1^{A1}, Q_2^{A1})}{\partial Q_i^{A1}} > 0$$

即标杆供应商1质量越高，JIT装配企业在先对供应商2进行改善投资再订货且投资成功时向两个供应商的订货量越多。证毕。

定理5.2说明：JIT装配企业对供应商2进行改善投资成功再订货时，标杆供应商1的质量越高，JIT装配企业应该订货越多，生产越多。因为此时生产产品的质量将因标杆供应商1质量高也得到提高，此时JIT装配企业将更少地获得质量惩罚，使其受到激励生产更多。

2. A2：改善投资失败后再订货时JIT装配企业的最优决策

假设此时JIT装配企业向供应商i的订货量为Q_i^{A2}，且$\sum_{i=1}^{2} d_i^{A2} = \sum_{i=1}^{2} \min(Q_i^{A2}, \alpha_i x_i^{A2})$。JIT装配企业利润函数用$\pi^{A2}$表示为：

$$\pi^{A2}(Q_1^{A2}, Q_2^{A2}) = p\min(y, \sum_{i=1}^{2} d_i^{A2}) + s(\sum_{i=1}^{2} d_i^{A2} - y)^+ - v(y - \sum_{i=1}^{2} d_i^{A2})^+$$

$$- \sum_{i=1}^{2}[(p + c_f)(1 - \mu_i) + \omega_i]d_i^{A2} - K$$

化简为：

$$\pi^{A2}(Q_1^{A2}, Q_2^{A2}) = -(p - s + v)(\sum_{i=1}^{2} d_i^{A2} - y)^+ + (p + v)\sum_{i=1}^{2} d_i^{A2} - vy$$

$$- \sum_{i=1}^{2}[(p + c_f)(1 - \mu_i) + \omega_i]d_i^{A2} - K$$

JIT装配企业此时的期望利润用$\Pi^{A2}(Q_1^{A2}, Q_2^{A2})$表示为：

$$\Pi^{A2}(Q_1^{A2}, Q_2^{A2}) = -(p - s + v)E[(\sum_{i=1}^{2} d_i^{A2} - y)^+] + (p + v)E(\sum_{i=1}^{2} d_i^{A2}) - vE(y)$$

$$- E\{\sum_{i=1}^{2}[(p + c_f)(1 - \mu_i) + \omega_i]d_i^{A2}\} - K$$

JIT装配企业此时的期望利润函数可化简为：

$$\Pi^{A2}(Q_1^{A2},Q_2^{A2}) = -(p-s+\nu)A^{A2} + (p+\nu)B^{A2} - \nu E(y) - D^{A2} - C^{A2} - K$$
(5-8)

其中的 A^{A2}，B^{A2}，C^{A2}，D^{A2} 详见 A1 策略部分。

定理5.3 改善投资失败后再订货时，制造商存在唯一最优向两个供应商的订货量。

证明：证明过程与定理5.1类似，略。

以下证明 JIT 装配企业存在唯一向两个供应商最优订货量的过程与定理5.1类似，此处省略。此时 JIT 装配企业最优订货量满足：

$$\{-(p-s+\nu)E[F_y(Q_i^{A2}+d_j^{A2})] + (p+\nu) - [(p+c_f)(1-\mu_i) - \omega_i]\} = 0$$

即：

$$E[F_y(Q_i^{A2}+d_j^{A2})] = \int_0^{\frac{Q_j^{A2}}{x_j^{A2}}} F_y(Q_i^{A2}+\alpha_j x_j^{A2}) f_{\alpha_j}(\alpha_j)\mathrm{d}\alpha_j + \int_{\frac{Q_j^{A2}}{x_j^{A2}}}^1 F_y(Q_i^{A2}+Q_j^{A2}) f_{\alpha_j}(\alpha_j)\mathrm{d}\alpha_j$$

$$= \frac{(p+\nu) - [(p+c_f)(1-\mu_1) - \omega_i]}{p-s+\nu}$$
(5-9)

同样，联立式（5-1）与式（5-9）即可得到此时供应商最优的生产量与 JIT 装配企业最优的订货量。所以 JIT 装配企业采用策略 A 最终获得的最大期望利润用 Π^A 表示为：

$$\Pi^A = \theta\Pi^{A1}(Q_1^{A2},Q_2^{A2}) + (1-\theta)\Pi^{A2}(Q_1^{A2},Q_2^{A2})$$
(5-10)

定理5.4 先对供应商2进行缺陷改善投资失败后再订货时，供应商的质量越高，制造商向供应商的订货量越多。

证明：证明过程与定理5.2类似，略。

（二）策略 B：缺陷改善投资与订货同时决策

JIT 装配企业对供应商2进行缺陷改善投资与订货同时决策时，无论改善投资成功还是失败，JIT 装配企业向供应商 i 订货量均为 Q_i^B。此时总有 $\sum_{i=1}^2 d_i^B = \sum_{i=1}^2 \min(Q_i^B, \alpha_i x_i^B)$。

假设改善投资成功时 JIT 装配企业利润函数用 π^{B1} 表示为：

$$\pi^{B1} = p\min\left(y, \sum_{i=1}^2 d_i^B\right) + s\left(\sum_{i=1}^2 d_i^B - y\right)^+ - \nu\left(y - \sum_{i=1}^2 d_i^B\right)^+$$

$$-\sum_{i=1}^{2}[(p+c_f)(1-\mu_1)+\omega_i]d_i^B - K$$

以上 JIT 装配企业利润函数化简为：

$$\pi^{B1} = -(p-s+v)(\sum_{i=1}^{2}d_i^B - y)^+ + (p+v)\sum_{i=1}^{2}d_i^B - vy$$

$$-\sum_{i=1}^{2}[(p+c_f)(1-\mu_1)+\omega_i]d_i^B - K$$

JIT 装配企业此时的期望利润用 Π^{B1} 表示为：

$$\Pi^{B1} = -(p-s+v)E[(\sum_{i=1}^{2}d_i^B - y)^+] + (p+v)E(\sum_{i=1}^{2}d_i^B) - vE(y)$$

$$-E\{\sum_{i=1}^{2}[(p+c_f)(1-\mu_1)+\omega_i]d_i^B\} - K$$

改善投资失败时，向供应商 i 的订货量仍为 Q_i^B，此时 JIT 装配企业利润函数用 π^{B2} 表示为：

$$\pi^{B2} = p\min(y, \sum_{i=1}^{2}d_i^B) + s(\sum_{i=1}^{2}d_i^B - y)^+ - v(y - \sum_{i=1}^{2}d_i^B)^+$$

$$-\sum_{i=1}^{2}[(p+c_f)(1-\mu_i)+\omega_i]d_i^B - K$$

以上利润函数可化简为：

$$\pi^{B2} = -(p-s+v)(\sum_{i=1}^{2}d_i^B - y)^+ + (p+v)\sum_{i=1}^{2}d_i^B - vy$$

$$-\sum_{i=1}^{2}[(p+c_f)(1-\mu_i)+\omega_i]d_i^B - K$$

JIT 装配企业此时的期望利润用 Π^{B2} 可表示为：

$$\Pi^{B2} = -(p-s+v)E[(\sum_{i=1}^{2}d_i^B - y)^+] + (p+v)E(\sum_{i=1}^{2}d_i^B) - vE(y)$$

$$-E\{\sum_{i=1}^{2}[(p+c_f)(1-\mu_i)+\omega_i]d_i^B\} - K$$

JIT 装配企业在策略 B 时最终获得的期望利润用 Π^B 表示为：

$$\Pi^B = \theta\Pi^{B1} + (1-\theta)\Pi^{B2}$$

代入以上缺陷改善成功与失败时的期望利润函数得：

$$\Pi^B = -(p-s+v)A^B + (p+v)B^B - vE(y) - \theta(p+c_f)(1-\mu_1)B^B$$

$$-(1-\theta)D^B - C^B - K \tag{5-11}$$

其中的 A^B，B^B，C^B，D^B 详见 $A1$ 策略部分。

定理 5.5 订货与改善投资同时决策时，制造商存在唯一最优向两个供应商的订货量。

证明： 证明过程与定理 5.1 类似，略。可知 JIT 装配企业获得最大的利润时，必须满足：

$$\frac{\partial \Pi^B}{\partial Q_i^B} = \{-(p-s+\nu)E[F(Q_i^B+d_j^B)] + (p+\nu) - \theta[(p+c_f)(1-\mu_1)]$$
$$- (1-\theta)[(p+c_f)(1-\mu_i)] - \omega_i\} \times \left[1 - F_{\alpha_i}\left(\frac{Q_i^B}{x_i^B}\right)\right] = 0$$

即：

$$E[F(Q_i^B+d_j^B)] = \int_0^{\frac{Q_j^B}{x_j^B}} F_y(Q_i^B+\alpha_j x_j^B) f_{\alpha_j}(\alpha_j) d\alpha_j + \int_{\frac{Q_j^B}{x_j^B}}^{1} F_y(Q_j^B+Q_j^B) f_{\alpha_j}(\alpha_j) d\alpha_j$$
$$= \frac{(p+\nu) - (p+c_f)[1-\theta\mu_1-(1-\theta)\mu_i] - \omega_i}{p-s+\nu} \quad (5-12)$$

联立式（5-1）与式（5-12）即可得到此时供应商最优生产量与 JIT 装配企业最优订货量。证毕。

5.4 算例分析与管理启示

假设本模型中的基本参数如下所示：市场需求 $y \in [200, 300]$ 的均匀分布，其概率密度函数 $f_y(y) = 1/(300-200)$。供应商 i 的产出扰动因子 α_i 满足 $[0,1]$ 上的均匀分布，概率密度函数均为 $f_{\alpha_i}(\alpha_i) = 1$。单位采购价格 $\omega_1 = 53$，$\omega_2 = 50$。两个供应商的单位生产成本 $c_1 = 23$，$c_2 = 20$，质量期望为 $\mu_1 = 0.983$，$\mu_2 = 0.919$；JIT 装配企业的单位销售价格 $p = 150$；单位补偿成本 $c_f = 50$；对供应商 2 进行缺陷改善投资成功的概率 $\theta = 0.8$。质量改善投资 $K = 100$。产品的单位残值 $s = 70$，单位缺货损失 $\nu = 50$。

以下将分析 JIT 装配企业最优订货决策、供应商最优生产决策，以及 JIT 装配企业和供应商最优的利润。

5.4.1 最优决策与最优利润

采用 Matlab，将 JIT 装配企业向两个供应商的订货量（图 5-3 中用 Q_1，

Q_2 表示）作为 x，y 坐标，将 JIT 装配企业利润（图 5-3 中用 T 表示）作为 z 坐标，可画出三维图。图 5-3 有上凸的趋势，说明 JIT 装配企业利润存在最大值，就是图 5-3 中凸出的最高点。

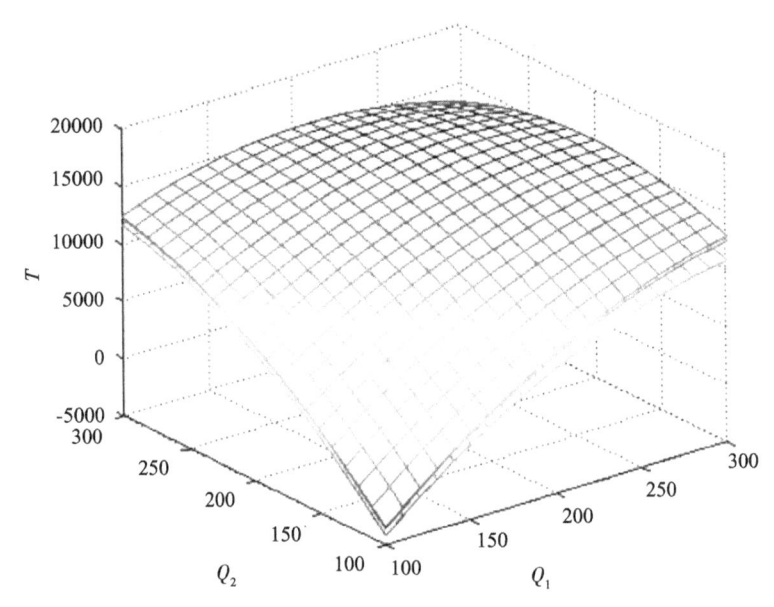

图 5-3 订货量对 JIT 装配企业利润的影响

固定向供应商 2 的订货量（Q_2 = 208），将 JIT 装配企业向供应商 1 的订货量 Q_1 作为横坐标，将 JIT 装配企业在先进行改善投资后订货且成功时利润 Π^{A1}、先进行改善投资后订货且失败时利润 Π^{A2}、改善投资与订货同时决策时利润 Π^B 作为纵坐标可得图 5-4。

与以上类似，固定 JIT 装配企业向供应商 2 的订货量 Q_1 = 195，将 JIT 装配企业向供应商 2 的订货量 Q_2 作为横坐标，纵坐标与图 5-4 中相同，可画出图 5-5。由图 5-4 和图 5-5 可知，JIT 装配企业利润随着向供应商 1 和供应商 2 的订货量先增后减。所以 JIT 装配企业确实存在唯一最优向两个供应商的订货量，与定理 5.1、定理 5.3、定理 5.5 一致。

将基本参数代入各式，联立式（5-1）与式（5-7）可解得，JIT 装配企业在先对供应商 2 进行缺陷改善投资再订货且成功时最优的生产量（x_1^{A1}，x_2^{A1}），最优的订货量（Q_1^{A1}，Q_2^{A1}），将最优订货量和最优生产量代入式（5-4）中可解得，JIT 装配企业的最优利润 Π^{A1}；联立式（5-1）与式（5-9）可解得，

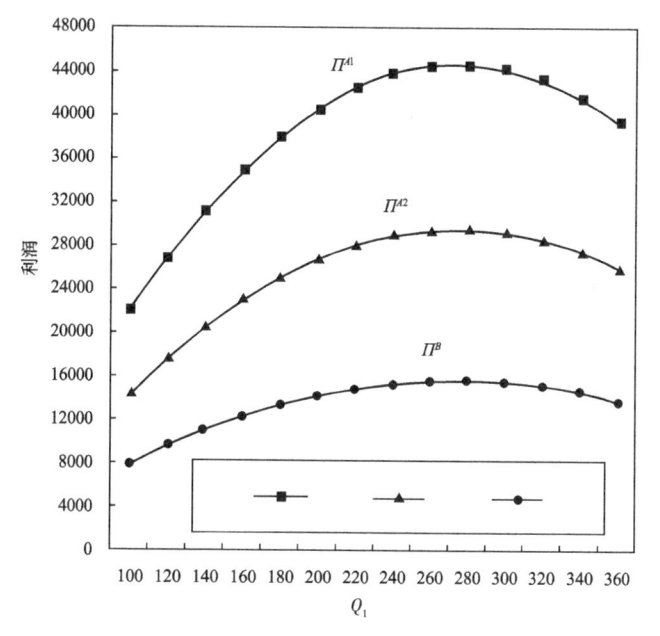

图 5-4 对供应商 1 的订货量对 JIT 装配企业利润的影响

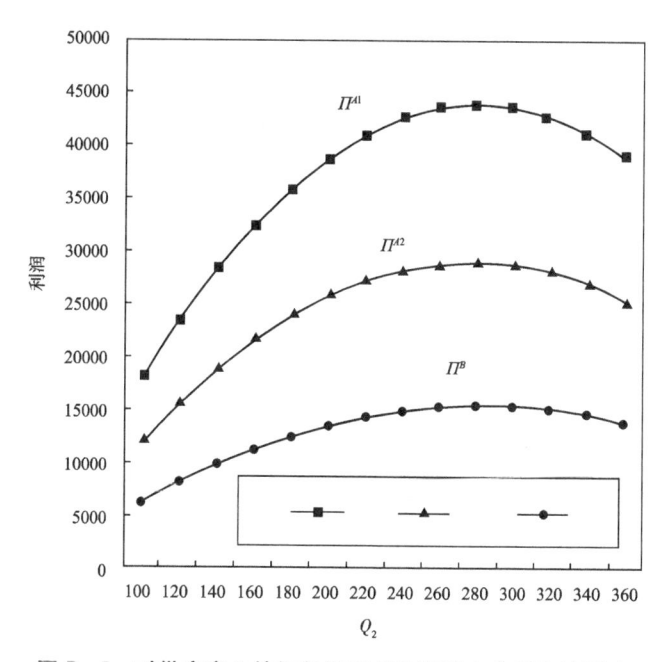

图 5-5 对供应商 2 的订货量对 JIT 装配企业利润的影响

JIT 装配企业在先对供应商 2 进行改善投资再订货且失败时最优的生产量（x_1^{A2}，x_2^{A2}），最优订货量（Q_1^{A2}，Q_2^{A2}），将最优订货量和最优生产量代入式（5-8）中可解得，JIT 装配企业的最优利润 Π^{A2}；然后再将以上所得最优利润代入式（5-10）中可得，JIT 装配企业在先进行质量投资后订货时综合最优期望利润 Π^{A}。同样，联立式（5-1）与式（5-12）可解得，JIT 装配企业在同时对供应商 2 进行改善投资与订货时最优的生产量（x_1^{B}，x_2^{B}），最优的订货量（Q_1^{B}，Q_2^{B}），再将以上最优生产量和最优订货量代入式（5-11）中可解得，JIT 装配企业此时的最优利润 Π^{B}。且在求解中发现，确实只有一组非零解，与定理 5.1 的证明一致。求解所得 JIT 装配企业和供应商在两种策略下最优的决策与最优利润如表 5-1 所示。

表 5-1　三种情况最优决策与最优利润比较

A	x_1^{A1}	x_2^{A1}	Q_1^{A1}	Q_2^{A1}	Π^{A}
	209.53	233.09	195.21	208.48	13594.81
	x_1^{A2}	x_2^{A2}	Q_1^{A2}	Q_2^{A2}	
	217.82	217.47	202.93	194.51	
B	x_1^{B}	x_2^{B}	Q_1^{B}	Q_2^{B}	Π^{B}
	211.19	229.97	196.75	205.69	13501.38

从表 5-1 中可以看出，对 JIT 装配企业的订货量，有如下结论：

（1）JIT 装配企业对供应商 1 的订货量在策略 B（同时对供应商 2 进行改善投资与订货）时大于在策略 A1（先对供应商 2 进行改善投资成功后再订货）时订货量，小于在策略 A2（先对供应商 2 进行改善投资失败后再订货）时订货量，即 $Q_1^{A2} > Q_1^{B} > Q_1^{A1}$。

（2）JIT 装配企业对供应商 2 的订货量在策略 B（同时对供应商 2 进行改善投资与订货）时大于在策略 A2（先对供应商 2 进行改善投资失败后再订货）时订货量，小于在策略 A1（先对供应商 2 进行改善投资成功后再订货）时订货量，即 $Q_2^{A1} > Q_2^{B} > Q_2^{A2}$。

（3）JIT 装配企业在策略 A（先对供应商 2 进行改善投资再订货）时最优利润大于同时对供应商 2 进行改善投资与订货时最优利润，即 $\Pi^{B} < \Pi^{A}$。

从表 5-1 也看出，对供应商 1 和供应商 2 的生产量，有如下结论：

（1）对于供应商1而言，在策略 B（JIT 装配企业同时对供应商2进行改善投资与订货）下，生产量大于在策略 A1（先对供应商2进行改善投资成功后再订货）时的生产量，小于在策略 A2（先对供应商2进行改善投资失败后再订货）时的生产量，即 $x_1^{A2} > x_1^{B} > x_1^{A1}$。

（2）对于供应商2而言，在策略 B（JIT 装配企业同时对供应商2进行改善投资与订货）下，生产量大于在策略 A2（先对供应商2进行改善投资失败后再订货）时的生产量，小于策略 A1（先对供应商2进行改善投资成功后再订货）时的生产量，即 $x_2^{A1} > x_2^{B} > x_2^{A2}$。

5.4.2 灵敏度分析

本章的研究重点在 JIT 装配企业的最优决策，因此以下将分析供应商质量与缺陷改善投资成功率对 JIT 装配企业决策的影响。

（一）μ_1 对 JIT 装配企业订货决策与利润的影响

改变供应商1的质量水平，同时求解 JIT 装配企业在先进行改善投资成功再订货时最优订货量与利润，如表5-2所示。随着标杆供应商1的质量水平提高，JIT 装配企业向两个供应商的订货量均增加，利润也增加。这与定理5.2一致，说明标杆企业的质量水平越高，JIT 装配企业应该向两个供应商的订货量越多。同时两供应商生产量也越多，利润越大。

表5-2 投资成功时 μ_1 对最优决策和利润的影响

μ_1	Q_1^{A1}	Q_2^{A1}	Π^{A1}
0.893	186.42	199.33	9334.18
0.923	189.35	202.38	10847.56
0.953	192.28	205.43	12348.60
0.983	195.21	208.48	13908.46

（二）两供应商质量水平变化对最优订货的影响

固定供应商2的质量（$\mu_2 = 0.919$），改变供应商1的质量，然后固定供应商 1 的质量水平（$\mu_1 = 0.983$），改变供应商 2 的质量。求解 JIT 装配企业最优的订货量，如表 5-3 所示。

表 5-3 供应商质量对 JIT 装配企业最优订货量的影响

μ_1	μ_2	Q_1^{A2}	Q_2^{A2}	Q_1^B	Q_2^B
0.893	0.919	183.28	205.01	185.79	200.47
0.923	0.919	189.83	201.51	189.44	202.21
0.953	0.919	196.38	198.01	193.10	203.95
0.983	0.919	202.93	194.51	196.75	205.69
0.983	0.949	199.31	201.06	196.03	207.00
0.983	0.979	195.69	207.61	195.30	208.31
0.983	0.983	195.21	208.48	195.21	208.48

由表 5-3 可知，随着供应商 1 的质量提高，JIT 装配企业在先进行缺陷改善投资后订货且失败时，向供应商 1 的订货量 Q_1^{A2} 逐渐增加，向供应商 2 的订货量 Q_2^{A2} 逐渐减少；随着供应商 2 的质量提高，JIT 装配企业在同时进行缺陷改善投资与订货时，向供应商 1 的订货量 Q_1^B 逐渐减少，向供应商 2 的订货量 Q_2^B 逐渐增加。

由此可见，JIT 装配企业应该综合考虑双供应商的质量水平，如果某个供应商质量提高，应该适当增加向此供应商的订货量，减少向另一个供应商的订货量。

（三）供应商质量水平对最优利润的影响

以下改变供应商产品的质量水平，求解 JIT 装配企业最优的利润，可得表 5-4。

表 5-4 策略 A 与策略 B 最优利润比较

μ_1	μ_2	Π^A	Π^B
0.893	0.919	9478.53	9440.94
0.923	0.919	10822.67	10787.60
0.953	0.919	12170.28	12154.29
0.983	0.919	13594.81	13501.38
0.983	0.949	13727.79	13667.82
0.983	0.979	13890.20	13796.43
0.983	0.983	13908.46	13850.50

从表 5-4 中可知，无论供应商质量水平如何，JIT 装配企业在策略 A 时最优利润均大于 JIT 装配企业在策略 B 时的最优利润。也就是说不管供应商的质量水平如何，JIT 装配企业都应该先进行缺陷改善投资再订货。

（四）投资成功率对最优利润的影响

为了研究改善投资成功率对最优利润的影响，改变改善投资成功率，获得的最优利润如表 5-5 所示。由表 5-5 可知：①当投资改善的成功率小于 1.0 时，JIT 装配企业采取策略 A 所得最优利润始终大于采取策略 B 所得最优利润；②随着改善投资成功率的增加，JIT 装配企业采取两种策略所得到的利润差异减少，当改善投资率等于 1.0 时，两种策略没有差异。

表 5-5 投资成功率对最优利润的影响

θ	Π^A	Π^B	$(\Pi^B - \Pi^A)/\Pi^A$
0	12340.20	11679.13	-5.36%
0.1	12497.03	12219.45	-2.22%
0.2	12653.85	12398.39	-2.02%
0.3	12810.68	12589.16	-1.73%
0.4	12967.50	12745.22	-1.71%
0.5	13124.33	12947.23	-1.35%
0.6	13281.16	13106.05	-1.32%
0.7	13437.98	13336.88	-0.75%
0.8	13594.81	13501.38	-0.69%
0.9	13751.63	13705.28	-0.34%
1	13908.46	13908.46	0

5.4.3 管理启示

现实企业普遍采用双源采购，但在双源采购中如何确保从不同供应商采购的物料质量一致是个难题。本章探讨 JIT 装配企业对缺陷率高供应商以缺陷率低供应商为标杆，进行缺陷改善投资和订货决策的问题，得到的结论可为 JIT 装配企业解决双源采购过程中遇到的供应商质量不统一与质量监督问题提供新的思路。

根据本章的分析，JIT 装配企业引进新的供应商时，为了确保不同供应商的采购物料质量一致，可将原有缺陷率低价格高的供应商作为开发新供应商的质量标杆，对新的价格低缺陷率高的供应商进行改善投资，帮助供应商降低缺陷率提高质量。对新的供应商进行改善投资后，若其达到标杆供应商的质量水准，才与其签订采购合同，开始订购。在合作的过程中，仍需要不断地进行缺陷改善投资，使得缺陷率高供应商的质量水平稳定可靠。同时还应该对缺陷率高的供应商进行补偿，使其可以积极配合缺陷改善，而不会因自身缺陷改善之后收益更低而不配合改善。

在这之后，应该根据缺陷率高供应商缺陷率降低的程度，调整向两个供应商的订货量。如若低成本供应商质量可靠，可主要向其采购。在这之后，若原有两供应商质量水平都难以提高，价格也难以降低，此时，JIT 装配企业应该考虑按照以上方法开发新的供应商替换原有供应商中的一个，最终实现双源采购货物质量一致且花费成本最低的目标。

5.5 本章小结

在双源采购中，如何以最低成本获得双源采购中不同供应商供货质量的一致性，是许多 JIT 装配企业需要解决的现实问题。本章研究从现实企业需求出发，提炼了管理问题，探讨了在需求与供应不确定情况下，对缺陷率高供应商进行缺陷改善投资下的双源采购决策问题，分别分析了 JIT 装配企业先对缺陷率高供应商进行缺陷改善投资再订货时最优订货决策与利润，与 JIT 装配企业同时对缺陷率高价格低供应商进行缺陷改善投资和订货时最优订货决策与利润，为 JIT 装配企业如何低成本实现双源采购货物质量统一提供了有益的参考。

本章研究表明：①JIT 装配企业在先对缺陷率高供应商进行缺陷改善投资成功后订货时，向各个供应商的订货量与标杆供应商的质量水平成正比。表明此时 JIT 装配企业选取的标杆供应商质量水平越高，对其订货应该更多，供应商也应该生产更多。②JIT 装配企业向各个供应商的最优订货量与两个供应商质量水平有关。表明 JIT 装配企业向两个供应商的订货量应该根据他们的质量水平做调整。③JIT 装配企业在先对缺陷率高供应商进行缺陷改善投资后订货时所得利润始终比同时进行缺陷改善投资与订货时所得利润多。表明最佳的质量改善投资策略是在签订合同之前，先对缺陷率高的供应商进行缺陷改善投资，如果供应商积极地配合，将缺陷率降低到了 JIT 装配企业设定的标杆缺陷率，再向供应商订货。同时在订货的过程中，根据缺陷率高供应商质量改善情况调整向两个供应商的订货量。

第6章 供方规模扩张柔性不同条件下的 JIT 装配企业双源采购决策

6.1 引言

上一章主要对双源采购过程中供应商供应质量不同情况下的双源采购问题进行了相关研究，本章将对双源采购中供应商存在不同规模扩张柔性下的双源采购问题进行相关研究。

市场需求的剧烈变化会导致 JIT 装配企业的生产量随时发生剧烈变化，进而导致 JIT 装配企业向上游供应商的订货量随时变化，最终导致上游供应商初始生产规模可能过大或过小。如 2016 年 7 月 9 日，外媒消息称，苹果公司将启动新苹果手机的生产，预测需求将大幅超过去年发布的大屏苹果手机，因此苹果公司要求供应商在 2016 年 12 月 31 日之前生产 8500 万部至 9000 万部新苹果手机零部件，相比去年的初始订单，订单增加了 7000 万部至 8000 万部，苹果公司需求量的突然增加，导致供应商的初始生产规模过小，不少供应商纷纷开始设新厂或增加新的生产线，此时的苹果供应商将不得不临时扩大自身的生产规模（潘阿瞒，2015）。

JIT 装配企业也可能因为市场需求的大幅下滑，减少向供应商的订货量，导致供应商原有的生产规模过剩。如在 2013 年 9 月 2 日微软宣布收购诺基亚之前，与诺基亚相关的供应商如星星科技、四维图等都因为诺基亚销售的下跌而业绩大幅下滑，不得不考虑减少甚至抛弃原有为诺基亚生产的生产线，转向其他业务（翁健，2013）。

全球采购中难免会遇到供应商生产规模过大或者过小的情况。且他们在扩张生产规模的过程中存在不同的难度，本章将供应商扩张自身生产规模的难易程度称为供应商的生产规模扩张柔性。由以上分析可知，供应商生产规模扩张柔性已成为自身竞争力的一个重要评价标准，也是供应商应对市场需求变化的一个关键因素，同时也影响着JIT装配企业的生产决策。

现实中也确实有不少企业将工厂设在人工、土地成本都低的国家，因为这些国家的法律对劳动人民保护不严苛，将生产基地设在这些国家不仅生产成本低，生产规模扩张的柔性也很高，随时可以获得大片的土地和廉价的工人。一旦这些地方对劳动人民的法律健全，人工成本提高，这些企业又将寻找新的适合办工厂的地方，生产规模扩张柔性成为供应商需要考虑的一个现实问题。如，欧洲一些福利国家人工成本高，工会强势，员工加班成本高，生产规模扩张柔性很低，所以工厂很少开办在这些地方；一些发展中国家由于劳动力充足，人工成本低，工会弱势，加班是常态，生产规模扩张柔性很高，增加生产规模付出的代价更低，大部分的工厂都开设在这些地方。

双源采购在实际应用中主要用来平衡成本与服务水平，还用于减轻供应不确定性带来的影响。关于双源采购的相关文献很多，最近几年的研究主要集中在存在一定限制条件与供应缺陷的双源采购问题，尤其是对供应商存在生产规模限制条件下的双源采购研究，但很少考虑供应商生产规模可以扩张的情况，在双源采购的过程中考虑供应商生产规模扩张柔性的文章更少。

为了弥补现有文献的不足，在供应与需求均随机的情况下，本章将对供应商生产规模扩张柔性不同情况下的双源采购问题进行相关研究。考虑到生产规模扩张柔性也会影响供应商生产决策与装配企业采购决策的现实情况，将生产规模扩张柔性引入双源采购中，研究两个具有不同生产规模扩张柔性的供应商向一个JIT装配企业供应零部件的双源采购问题。本章首先分析了生产规模扩张柔性对供应商最优决策的影响，然后分析了两个供应商的最优生产决策，与JIT装配企业最优的订货决策，并对市场需求变化与相关参数做了灵敏度分析，获得了一些有意义的结论。

6.2 问题描述、符号说明与基本假设

本章研究的概念模型如图6-1所示：假设一个JIT装配企业向两个生产

规模扩张柔性不同的供应商采购零部件。每个供应商均存在一定的供应不确定性,计划产量 $x_i(i=1,2)$ 时,有效产量仅为 $\alpha_i x_i$,其中 $\alpha_i \in [a_i, b_i]$ 为生产扰动因子,主要是由于生产中存在的意外造成的生产能力损失,如质量不合格、生产破损等,其概率密度函数与分布函数分别为 $f_{\alpha_i}(\alpha_i)$,$F_{\alpha_i}(\alpha_i)$。JIT 装配企业为了保证零部件能够即到即用,零部件的检验完全在供应商处完成,即 JIT 装配企业不检验而直接接收供应商 $i(i=1,2)$ 的零部件,单位价格为 ω_i,但两个供应商的价格有差异,假设有 $\omega_1 > \omega_2$。

假设两个供应商初始的生产能力为 K_i,在初始生产能力范围内的生产成本为每单位 o_i,生产量超过初始生产规模的部分,供应商需付出更高的单位生产成本 θ_i,此时供应商需要临时购买安装设备,聘请职工或者付给职工更多的加班费用。供应商单位生产的材料成本为 c_i,这部分生产成本只与生产量有关。因此供应商的生产成本主要包括两部分,一部分是与初始生产规模相关的生产成本,这部分生产成本的大小与生产规模有关;另一部分是与生产量相关的生产材料成本,但每单位材料成本基本不变。

其中用 $\eta_i = o_i/\theta_i$ 表示供应商的生产规模扩张柔性,η_i 越大,代表供应商生产规模扩张柔性越大。这些生产规模扩张柔性大的供应商最可能分布在中国大陆、台湾等加班成本低,政府积极支持生产制造的国家与地区;η_i 越小,代表供应商生产规模扩张柔性越小,这些生产规模扩张柔性小的供应商最可能分布在欧洲等工会比较强势的地方,因为这些地方的员工加班成本高。由于供应商处于不同的地理、人文环境,因此他们会存在不同的生产规模扩张柔性,也是一种异质性。随着全球采购的兴起,供应商的异质性会越来越明显,且生产规模和成本将是其异质性的两个主要因素 (Hazra, Mahadevan, 2006)。

假设 JIT 装配企业向供应商 i 订购 Q_i 单位的产品,但由于两个供应商均存在一定的生产不确定性,不能百分百满足 JIT 装配企业的订购量。供应商 i 有效的供货量为 $d_i = \min(\alpha_i x_i, Q_i)$,JIT 装配企业收到的所有零部件数量为 $\sum_{i=1}^{2} d_i$。

假设 JIT 装配企业面临的随机市场需求为 y,概率密度与分布函数分别为 $f_y(y)$,$F_y(y)$。JIT 装配企业的单位销售价格为 p,单位残值为 s,单位缺货损失为 v。且 $n^+ = \max(0, n)$,此处 n 代表下面出现的任何一个变量。另有 $i =$

第6章 供方规模扩张柔性不同条件下的JIT装配企业双源采购决策

1，2时，$j=2$，1。

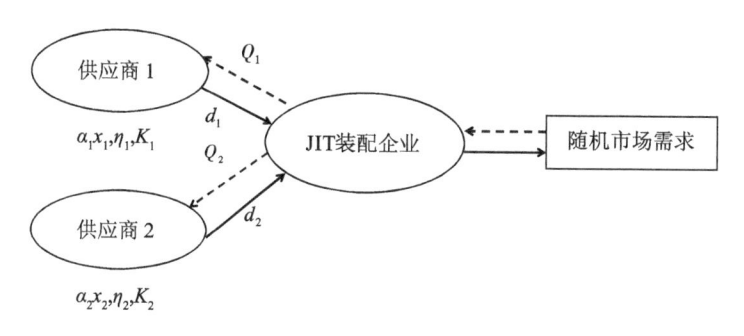

图6-1 供应商规模扩展柔性不同条件下的双源采购概念模型

为了让研究有意义，假设JIT装配企业与两个供应商均为风险中性的，且信息对称，决策者完全理性。

6.3 模型构建

JIT装配企业与供应商之间的博弈是一个斯坦伯格博弈过程。JIT装配企业是领导者，先决定订货量（如现实中的丰田企业，其自身的资金、技术都比其他的供应商强很多，所以供应商总是按照汽车厂的要求来生产。供应商是跟随者），后决定生产量。以下分析中采用反向求解的方法，先假定JIT装配企业订货量已知，求解供应商最优的生产量，然后求解JIT装配企业最优的订货量。

6.3.1 供应商最优生产量

在JIT装配企业给定的采购价格ω_i下，供应商i的计划生产量为$x_i(i=1,2)$时，JIT装配企业接收供应商$i(i=1,2)$的零部件数量为：

$$d_i = \min(Q_i, \alpha_i x_i)$$

此时供应商i的利润函数用$\pi_i(x_i, K_i)$表示为：

$$\pi_i(x_i, K_i) = \omega_i d_i - c_i x_i - \theta_i (x_i - K_i)^+ - o_i K_i$$

因此供应商i的期望利润用$\Pi_i(x_i, K_i)$表示为：

$$\Pi_i(x_i, K_i) = \omega_i E(d_i) - E[\theta_i (x_i - K_i)^+] - o_i K_i - c_i x_i \quad (6-1)$$

假设 p_i 为 $[E(x_i) \geq K_i]$ 的概率，因供应商 i 在决定最优生产量时，已经知道 JIT 装配企业的订货量，所以求解供应商 i 最优生产量的过程中，假定 JIT 装配企业向供应商 i 的订货量 Q_i 已知。

定理 6.1 供应商存在最优生产量，供应商最优生产量 x_i 满足如下条件：

$$\omega_i \int_{a_i}^{\frac{Q_i}{x_i}} \alpha_i f_{\alpha_i}(\alpha_i) \mathrm{d}\alpha_i = c_i + \theta_i p_i \qquad (6-2)$$

证明：对供应商的期望利润函数求一阶、二阶导数，可得：

$$\frac{\partial \Pi_i(x_i)}{\partial x_i} = \omega_i \int_{a_i}^{\frac{Q_i}{x_i}} \alpha_i f_{\alpha_i}(\alpha_i) \mathrm{d}\alpha_i - c_i$$

$$\frac{\partial^2 \Pi_i(x_i)}{\partial (x_i)^2} = -\omega_i \frac{(Q_i)^2}{(x_i)^3} f_{\alpha_i}\left(\frac{Q_i}{x_i}\right) < 0$$

因为二阶导数小于零，可知当一阶导数为零时，供应商期望利润存在唯一最大值，条件为：$\omega_i \int_{a_i}^{\frac{Q_i}{x_i}} \alpha_i f_{\alpha_i}(\alpha_i) \mathrm{d}\alpha_i = c_i + \theta_i p_i$，证毕。

从供应商最优生产量表达式可知，供应商 i 最优生产量与供应商 i 的生产不确定性 α_i，JIT 装配企业给供应商 i 的采购价格 ω_i，供应商 i 的单位生产材料成本 c_i，供应商 i 扩大生产规模的单位成本 θ_i，以及供应商 i 的生产量超过供应商 i 初始生产规模的概率 p_i 有关。但是 JIT 装配企业向供应商 i 的采购价格 ω_i 是供应商与 JIT 装配企业谈判所得，供应商 i 的单位生产材料成本 c_i 与材料价格有关，均是外生变量。因此在以下的灵敏度分析部分，只分析供应商 i 最优的生产量随着供应商 i 的生产不确定性 α_i，供应商 i 扩大生产规模的单位成本 θ_i，以及供应商生产量超过供应商初始生产规模的概率 p_i 变化而变化的情况。

定理 6.2 当 $(p_i - \eta_i) > 0$，供应商 i 的利润与初始生产规模正相关；当 $(p_i - \eta_i) < 0$，供应商 i 的利润与初始生产规模负相关。

证明：由式（6-1）可知，供应商 i 的期望利润是初始生产规模的线性函数：

$$\begin{aligned}\Pi_i(x_i, K_i) &= \omega_i E(d_i) - E[\theta_i(x_i - K_i)^+] - o_i K_i - c_i x_i \\ &= \omega_i E(d_i) + (\theta_i - o_i) K_i - \theta_i \max[E(x_i), K_i] - c_i x_i\end{aligned}$$

将只与生产规模相关的变量取出，可得等式（6-3）：

$$\begin{aligned}
\Pi_i(K_i) &= \omega_i E(d_i) + (\theta_i - o_i)K_i - \theta_i \max[E(x_i), K_i] - c_i x_i \\
&= \omega_i E(d_i) + (p_i \theta_i - o_i)K_i - \theta_i p_i E(x_i) - c_i x_i \\
&= \omega_i E(d_i) + \theta_i \left[\left(p_i - \frac{o_i}{\theta_i}\right)K_i - p_i E(x_i)\right] - c_i x_i \\
&= \omega_i E(d_i) + \theta_i [(p_i - \eta_i)K_i - p_i E(x_i)] - c_i x_i
\end{aligned} \quad (6-3)$$

从式（6-3）可知，供应商的利润水平与供应商初始生产规模之间的关系，取决于供应商 i 的生产量大于初始生产规模的概率 p_i 和生产规模扩张柔性 η_i 之间的相对大小。当 $(p_i - \eta_i) > 0$ 时，供应商 i 的利润与初始生产规模成正比。这种情况一般发生在：①供应商 i 的生产量经常大于供应商的初始生产规模，即 p_i 很大，供应商相信 JIT 装配企业订货量增加的可能性很大，自身也计划生产很多，如：苹果的供应商相信苹果公司未来的销售量肯定很大，对供应商的订货量也一定会增加，那么苹果公司的供应商开始应该建设一个更大的初始生产规模。②扩张生产规模单位成本 θ_i 远远大于初始生产规模单位生产成本 o_i，即 η_i 很小，供应商 i 生产规模扩张柔性很低。如，供应商 i 在加班费等很昂贵的地区应该建设更大的初始生产规模，以防扩产需要付出更多的成本。

当 $(p_i - \eta_i) < 0$，供应商 i 的期望利润与供应商 i 的初始生产规模成反比，这种情况主要发生在：①供应商 i 的生产量经常小于供应商的初始生产规模，即 p_i 很小，供应商 i 相信 JIT 装配企业订货量增加的可能性很小，如诺基亚生产商，在诺基亚衰败开始时就看到诺基亚未来增加订单的可能性几乎没有。②生产规模扩张单位成本 θ_i 与建设初始生产规模的单位成本 o_i 相差不大或者更小，即 η_i 很大，也就是说供应商生产规模扩张柔性很大。如供应商在加班费等便宜的地区建厂，开始应该建一个小的生产规模。

在现实供应情况中，供应商期望生产量超过供应商初始建设规模的情况属于未来不确定性因素，即 p_i 很难预测。因此在供应商决定初始生产规模大小时，一般不把其作为参考变量，所以供应商的主要参考变量是生产规模扩张柔性 η_i 的大小：当生产规模扩张柔性很小时，即 η_i 很小时，供应商初始生产规模越大越好；当生产规模扩张柔性很大时，即 η_i 很大时，供应商可以根据实际情况建设初始生产规模。

生产规模扩张柔性与供应商的获利密切相关，以上的结论也解释了很多的现实情况，如为什么大部分国际企业的生产工厂均建设在中国与越南这种发展中国家,其中一个原因也是因为这些国家的生产规模扩张柔性很大,因为这些国家加班成本等很低。但欧洲一些国家生产规模扩张柔性很低,因为他们加班等成本很高;很多的供应商采用合同外包即 OEM 的方式生产,主要是因为这样的生产模式提高了生产规模扩张柔性。

以上分析解释了生产规模扩张柔性如何影响供应商的最优决策。即当供应商的生产规模扩张柔性很高时,JIT 装配企业增加订货的规模,供应商能生产更多应付 JIT 装配企业的订货量;但当供应商生产规模扩张柔性很低时,JIT 装配企业提高订货量,供应商增加生产量必须付出更高的生产成本,从而降低了供应商的利润。

供应商在做生产量与初始生产规模决策之前,可以给 JIT 装配企业一个调查问卷,基于问卷真实有效的基础上,获得 JIT 装配企业将来增加订货量的可能性,即询问 JIT 装配企业未来的生产与销售计划,推测 JIT 装配企业未来增加订货量的可能性,然后根据自身规模扩张柔性的大小,建设最优的初始生产规模。最后根据以上的式(6-1)决定最优的生产量 x_i。

以下将分析一个 JIT 装配企业同时向两个存在不同生产规模扩张柔性的供应商采购时,JIT 装配企业最优的订货量。

6.3.2 JIT 装配企业最优订货量

假设 JIT 装配企业向供应商 i 的订货量为 Q_i,则 JIT 装配企业接收的所有零部件数量为 $\sum_{i=1}^{2} d_i = \sum_{i=1}^{2} \min(Q_i, \alpha_i x_i)$,JIT 装配企业的利润函数用 $\pi(Q_1, Q_2)$ 可表示为:

$$\pi(Q_1, Q_2) = p\min(y, \sum_{i=1}^{2} d_i) + s(\sum_{i=1}^{2} d_i - y)^+ - v(y - \sum_{i=1}^{2} d_i)^+ - \sum_{i=1}^{2} \omega_i d_i$$

(6-4)

因为:$-\left(y - \sum_{i=1}^{2} d_i\right)^+ = -\max\left(y - \sum_{i=1}^{2} d_i, 0\right) = \left(\sum_{i=1}^{2} d_i - y\right) - \left(\sum_{i=1}^{2} d_i - y\right)^+$

所以:

$$p\min(y, \sum_{i=1}^{2} d_i) = -p\max(-y, -\sum_{i=1}^{2} d_i)$$

$$= p\sum_{i=1}^{2} d_i - p\max\left(\sum_{i=1}^{2} d_i - y, 0\right)$$

$$= p\sum_{i=1}^{2} d_i - p\left(\sum_{i=1}^{2} d_i - y\right)^+$$

以上利润函数可化简为:

$$\pi(Q_1,Q_2) = -(p-s+\nu)\left(\sum_{i=1}^{2} d_i - y\right)^+ + (p+\nu)\sum_{i=1}^{2} d_i - \nu y - \sum_{i=1}^{2} \omega_i d_i$$

$$(6-5)$$

JIT 装配企业此时的期望利润用 $\Pi(Q_1, Q_2)$ 可表示为:

$$\Pi(Q_1,Q_2) = -(p-s+\nu)E\left[\left(\sum_{i=1}^{2} d_i - y\right)^+\right] + (p+\nu)E\left(\sum_{i=1}^{2} d_i\right)$$

$$- \nu y - E\left(\sum_{i=1}^{2} \omega_i d_i\right)$$

$$= -(p-s+\nu)A + (p+\nu)B - \nu E(y) - C \qquad (6-6)$$

其中:

$$A = E\left[\left(\sum_{i=1}^{2} d_i - y\right)^+\right]$$

$$= \int_{\frac{Q_2}{x_2}}^{b_2}\int_{\frac{Q_1}{x_1}}^{b_1}\int_0^{Q_1+Q_2}(Q_1+Q_2-y)f_y(y)\,dy\,f_{\alpha_1}(\alpha_1)\,d\alpha_1 f_{\alpha_2}(\alpha_2)\,d\alpha_2$$

$$+ \int_{a_2}^{\frac{Q_2}{x_2}}\int_{\frac{Q_1}{x_1}}^{b_1}\int_0^{Q_1+\alpha_2 x_2}(Q_1+\alpha_2 x_2-y)f_y(y)\,dy\,f_{\alpha_1}(\alpha_1)\,d\alpha_1 f_{\alpha_2}(\alpha_2)\,d\alpha_2$$

$$+ \int_{a_2}^{\frac{Q_2}{x_2}}\int_{a_1}^{\frac{Q_1}{x_1}}\int_0^{\alpha_1 x_1+\alpha_2 x_2}(\alpha_1 x_1+\alpha_2 x_2-y)f_y(y)\,dy\,f_{\alpha_1}(\alpha_1)\,d\alpha_1 f_{\alpha_2}(\alpha_2)\,d\alpha_2$$

$$+ \int_{\frac{Q_2}{x_2}}^{b_2}\int_{a_1}^{\frac{Q_1}{x_1}}\int_0^{\alpha_1 x_1+Q_2}(\alpha_1 x_1+Q_2-y)f_y(y)\,dy\,f_{\alpha_1}(\alpha_1)\,d\alpha_1 f_{\alpha_2}(\alpha_2)\,d\alpha_2$$

$$B = E\left(\sum_{i=1}^{2} d_i\right)$$

$$= \int_{\frac{Q_2}{x_2}}^{b_2}\int_{\frac{Q_1}{x_1}}^{b_1}(Q_1+Q_2)f_{\alpha_1}(\alpha_1)\,d\alpha_1 f_{\alpha_2}(\alpha_2)\,d\alpha_2$$

$$+ \int_{a_2}^{\frac{Q_2}{x_2}}\int_{\frac{Q_1}{x_1}}^{b_1}(Q_1+\alpha_2 x_2)f_{\alpha_1}(\alpha_1)\,d\alpha_1 f_{\alpha_2}(\alpha_2)\,d\alpha_2$$

$$+ \int_{a_2}^{\frac{Q_2}{x_2}} \int_{a_1}^{\frac{Q_1}{x_1}} (\alpha_1 x_1 + \alpha_2 x_2) f_{\alpha_1}(\alpha_1) \mathrm{d}\alpha_1 f_{\alpha_2}(\alpha_2) \mathrm{d}\alpha_2$$

$$+ \int_{\frac{Q_2}{x_2}}^{b_2} \int_{a_1}^{\frac{Q_1}{x_1}} (\alpha_1 x_1 + Q_2) f_{\alpha_1}(\alpha_1) \mathrm{d}\alpha_1 f_{\alpha_2}(\alpha_2) \mathrm{d}\alpha_2$$

$$C = E\left(\sum_{i=1}^{2} \omega_i d_i\right)$$

$$= \int_{\frac{Q_2}{x_2}}^{b_2} \int_{\frac{Q_1}{x_1}}^{b_1} (\omega_1 Q_1 + \omega_2 Q_2) f_{\alpha_1}(\alpha_1) \mathrm{d}\alpha_1 f_{\alpha_2}(\alpha_2) \mathrm{d}\alpha_2$$

$$+ \int_{a_2}^{\frac{Q_2}{x_2}} \int_{\frac{Q_1}{x_1}}^{b_1} (\omega_1 Q_1 + \omega_2 \alpha_2 x_2) f_{\alpha_1}(\alpha_1) \mathrm{d}\alpha_1 f_{\alpha_2}(\alpha_2) \mathrm{d}\alpha_2$$

$$+ \int_{a_2}^{\frac{Q_2}{x_2}} \int_{a_1}^{\frac{Q_1}{x_1}} (\omega_1 \alpha_1 x_1 + \omega_2 \alpha_2 x_2) f_{\alpha_1}(\alpha_1) \mathrm{d}\alpha_1 f_{\alpha_2}(\alpha_2) \mathrm{d}\alpha_2$$

$$+ \int_{\frac{Q_2}{x_2}}^{b_2} \int_{a_1}^{\frac{Q_1}{x_1}} (\omega_1 \alpha_1 x_1 + \omega_2 Q_2) f_{\alpha_1}(\alpha_1) \mathrm{d}\alpha_1 f_{\alpha_2}(\alpha_2) \mathrm{d}\alpha_2$$

定理 6.3 JIT 装配企业存在唯一最优向供应商 i 的订货量，使 JIT 装配企业利润最优。

证明： 对式（6-6）求 JIT 装配企业向供应商 i 的订货量 Q_i 的一阶导数为：

$$\frac{\partial \Pi(Q_1, Q_2)}{\partial Q_i} = E\left(\frac{\partial d_i}{\partial Q_i}\right)\left\{-(p-s+\nu)E\left[F_y\left(\sum_{i=1}^{2} d_i\right)\right] + (p+\nu) - \omega_i\right\}$$

当 $Q_i \geq \alpha_i x_i$ 时，$\frac{\partial d_i}{\partial Q_i} = 0$；当 $Q_i \leq \alpha_i x_i$ 时，$\frac{\partial d_i}{\partial Q_i} = 1$，所以有：

$$\frac{\partial \Pi(Q_1, Q_2)}{\partial Q_i} = \left[-(p-s+\nu)E\{F_y(Q_i + d_j)\} + (p+\nu) \right.$$
$$\left. - \omega_i - \theta_i p(d_i > K_i)\right\}\left[1 - F_{\alpha_i}\left(\frac{Q_i}{x_i}\right)\right] \quad (6-7)$$

对式（6-6）求 JIT 装配企业向供应商 i 的订货量 Q_i 的二阶导数得：

$$\frac{\partial^2 \Pi(Q_1, Q_2)}{\partial (Q_i)^2} = -\frac{1}{x_i} f_{\alpha_i}\left(\frac{Q_i}{x_i}\right)\left\{-(p-s+\nu)E[F_y(Q_i + d_j)] + (p+\nu) - \omega_i\right\}$$

$$-(p-s+\nu)f_y(Q_i+d_j)\left[1-F_{\alpha_i}\left(\frac{Q_i}{x_i}\right)\right]\frac{\partial^2\Pi(Q_1,Q_2)}{\partial Q_i\partial Q_j}$$

$$=-(p-s+\nu)f_y(Q_i+Q_j)\left[1-F_{\alpha_i}\left(\frac{Q_i}{x_i}\right)\right]\left[1-F_{\alpha_j}\left(\frac{Q_j}{x_j}\right)\right]$$

明显有：$\frac{\partial^2\Pi(Q_1,Q_2)}{\partial Q_i\partial Q_j} > \frac{\partial^2\Pi(Q_1,Q_2)}{\partial(Q_i)^2}$。因为：$\frac{\partial^2\Pi(Q_1,Q_2)}{\partial(Q_i)^2} < 0$；$\frac{\partial^2\Pi(Q_1,Q_2)}{\partial Q_i\partial Q_j} < 0$，所以有：$\left|\frac{\partial^2\Pi(Q_1,Q_2)}{\partial(Q_i)^2}\right| > \left|\frac{\partial^2\Pi(Q_1,Q_2)}{\partial Q_i\partial Q_j}\right|$，海赛矩阵为：

$$\begin{bmatrix}\frac{\partial^2\Pi(Q_1,Q_2)}{\partial Q_1\partial Q_1} & \frac{\partial^2\Pi(Q_1,Q_2)}{\partial Q_1\partial Q_2} \\ \frac{\partial^2\Pi(Q_1,Q_2)}{\partial Q_2\partial Q_1} & \frac{\partial^2\Pi(Q_1,Q_2)}{\partial Q_2\partial Q_2}\end{bmatrix}$$，因此有：$H_1 = \frac{\partial^2\Pi(Q_1,Q_2)}{\partial Q_1\partial Q_1} < 0$；

$$H_2 = \frac{\partial^2\Pi(Q_1,Q_2)}{\partial Q_1\partial Q_1}\frac{\partial^2\Pi(Q_1,Q_2)}{\partial Q_2\partial Q_2} - \frac{\partial^2\Pi(Q_1,Q_2)}{\partial Q_1\partial Q_2}\frac{\partial^2\Pi(Q_1,Q_2)}{\partial Q_2\partial Q_1} > 0$$

可知以上海赛矩阵负定，式（6-6）存在唯一最优向两个供应商的订货量使得JIT装配企业利润最大。令式（6-7）为零，可知：$F_{\alpha_i}\left(\frac{Q_i}{x_i}\right) - 1 = 0$，或：

$$-(p-s+\nu)E[F_y(Q_i+d_j)] + p + \nu - \omega_i = 0 \quad (6-8)$$

因供应商的生产量会随着供应商生产能力的变化随时变化，不可能随时都等于订货量，所以：$F_{\alpha_i}\left(\frac{Q_i}{x_i}\right) \neq 1$。只有式（6-7）成立，即：

$$E[F_y(Q_i+d_j)] = \int_{a_i}^{\frac{Q_i}{x_j}} F_y(Q_i+\alpha_j x_j) f_{\alpha_j}(\alpha_j)\mathrm{d}\alpha_j + \int_{\frac{Q_i}{x_j}}^{b_i} F_y(Q_i+Q_j) f_{\alpha_j}(\alpha_j)\mathrm{d}\alpha_j$$

$$= \frac{p+\nu-\omega_i}{p-s+\nu} \quad (6-9)$$

在式（6-1）和式（6-9）中只有供应商的生产量与JIT装配企业的订货量两个变量，因此联立式（6-1）和式（6-9）可解得供应商i最优生产量与JIT装配企业的最优订货量，证毕。

对JIT装配企业而言，产品的单位销售价格p，单位残值s，单位缺货损失

ν 均是固定值，向两个供应商的采购价格 ω_i 是谈判所得，不可改变。因此 JIT 装配企业对供应商的最优订货量仅与生产扰动性 α_i 有关，以下算例分析部分将讨论 JIT 装配企业与供应商的最优决策，以及两个供应商面对 JIT 装配企业订货量变化时最优生产量的变化。

6.4 算例分析与管理启示

假设一个 JIT 装配企业分别向两个供应商采购零部件，基本参数如下所示：市场需求 $y \in [200, 300]$ 的均匀分布，其概率密度函数 $f_y(y) = 1/(300 - 200)$。供应商 i 的产出扰动因子 α_i 均满足 $[a_i, 1]$ 上的均匀分布。单位采购价格 $\omega_1 = 53$，$\omega_2 = 50$。两个供应商的单位材料成本 $c_1 = 13$，$c_2 = 12$，JIT 装配企业的单位销售价格 $p = 150$；产品的单位残值 $s = 70$，单位缺货损失 $v = 50$。JIT 装配企业向供应商 1 的订货量超过供应商 1 初始生产规模的概率 $p_1 = 0.2$，但 JIT 装配企业向供应商 2 的订货量超过初始生产规模的概率 $p_2 = 0.8$，两个供应商的初始生产规模分别为 $K_1 = 300$，$K_2 = 200$。供应商 1 的初始单位生产成本 $o_1 = 10$，供应商 2 的初始单位生产成本 $o_2 = 8$；供应商 1 的单位生产规模扩张成本 $\theta_1 = 16$，供应商 2 的单位生产规模扩张成本 $\theta_2 = 13$；所以 $\eta_1 = 10/16 = 0.625 > p_1$，$\eta_2 = 8/13 = 0.615 < p_2$。

6.4.1 最优决策与最优利润

当两个供应商初始的生产扰动因子 $\alpha_i \in [0, 1]$ 上的均匀分布时，概率密度函数均为 $f_{\alpha_i}(\alpha_i) = 1$。根据 6.1 节与 6.2 节的分析，将以上基本参数代入式（6-2）、式（6-9）中联立解得 JIT 装配企业向两个供应商的最优订购量与两个供应商的最优生产量，然后将最优订货量与最优生产量代入 JIT 装配企业与供应商的期望利润方程式（6-1）、式（6-6）中，可得 JIT 装配企业与两个供应商的最优利润，见表 6-1。

表 6-1 供应商和 JIT 装配企业的最优决策与利润

x_1	x_2	Q_1	Q_2	Π_1	Π_2	Π
276.73	193.96	216.37	183.59	546.96	387.61	15564.55

6.4.2 灵敏度分析

以下将分析 JIT 装配企业面对变化的市场需求如何决策最优订货量,以及当供应商自身生产规模扩张柔性变化时如何决策最优生产量。

(一)供应商 i 的生产不确定性 α_1 对最优值与最优利润的影响

假设供应商 i 的产出扰动因子 α_i 均满足 $[a_i, 1]$ 上的均匀分布,概率密度函数均为 $f_{\alpha_i}(\alpha_i) = 1/(1-a_i)$,则在 a_i 不断增大的过程中,供应商的平均有效产出 $E(\alpha_i) = (1-a_i)/2$ 不断增大,方差 $Var(\alpha_i) = (1-a_i)^2/12$ 不断减小,也就是说随着 a_i 的不断增大,供应商的生产扰动性更低,有效产出率更高了。表 6-2 将分析随着供应商有效产出率越来越高,供应不确定性得到改善的过程中,JIT 装配企业和供应商最优决策和最优利润的变化。

表 6-2 供应商 1 的生产不确定性 α_1 对最优值与最优利润的影响

α_1	x_1	x_2	Q_1	Q_2	Π_1	Π_2	Π
[0, 1]	276.73	193.96	216.37	183.59	546.96	387.61	15564.55
[0.1, 1]	307.91	165.71	230.45	156.85	1558.98	22.38	17771.61
[0.2, 1]	337.21	135.98	245.27	128.72	2669.19	-361.95	19911.58
[0.3, 1]	361.19	106.57	259.94	100.88	3833.03	-742.18	21780.17
[0.4, 1]	376.71	79.53	273.42	75.28	4987.86	-1091.78	23220.37
[0.5, 1]	382.18	56.53	284.88	53.51	6070.40	-1389.14	24189.53
[0.6, 1]	378.04	38.38	293.93	36.33	7034.59	-1623.79	24756.82
[0.7, 1]	366.34	24.97	300.62	23.64	7859.75	-1797.16	25045.15
[0.8, 1]	349.69	15.57	305.31	14.74	8547.95	-1918.69	25169.77
[0.9, 1]	330.49	9.25	308.46	8.75	9114.65	-2000.42	25211.64

从表 6-2 中可以看出随着供应商 1 生产不确定性的减低,JIT 装配企业向供应商 1 的订货量 Q_1 逐渐增加,向供应商 2 的订货量 Q_2 逐渐减少;供应商 1 的生产量 x_1 先增加后减少,供应商 2 的生产量 x_2 一直减少;供应商 1 的利润 Π_1 一直增加,供应商 2 的利润 Π_2 一直减少,甚至为负数。

从表 6-3 中可以看出:随着供应商 2 生产不确定性的降低,JIT 装配企业向供应商 2 的订货量 Q_2 逐渐增加,向供应商 1 的订货量 Q_1 逐渐减少;供应商

2 的生产量 x_2 先增加后减少,供应商 1 的生产量 x_1 一直减少;供应商 2 的利润 Π_2 一直增加,供应商 1 的利润 Π_1 一直减少,很快为负数。

表 6-3 供应商 2 的生产不确定性 α_2 对最优值与最优利润的影响

α_2	x_1	x_2	Q_1	Q_2	Π_1	Π_2	Π
[0, 1]	276.73	193.96	216.37	183.59	546.96	387.61	15564.55
[0.1, 1]	248.42	218.11	194.23	197.08	200.41	1204.38	17212.39
[0.2, 1]	216.43	244.05	169.22	212.31	-191.09	2143.90	18987.13
[0.3, 1]	181.42	270.39	141.85	228.98	-619.54	3196.49	20783.42
[0.4, 1]	144.81	295.03	113.22	246.42	-1067.68	4331.97	22456.98
[0.5, 1]	108.63	315.57	84.93	263.65	-1510.51	5499.92	23863.79
[0.6, 1]	75.14	329.87	58.75	279.60	-1920.34	6637.55	24909.83
[0.7, 1]	46.20	336.79	36.12	293.38	-2274.58	7685.82	25585.95
[0.8, 1]	22.84	336.43	17.86	304.50	-2560.43	8603.38	26024.69
[0.9, 1]	5.13	329.94	4.01	312.94	-2777.22	9373.89	26118.51

由以上分析可知,JIT 装配企业会向生产不确定性低的供应商多订货,向生产不确定性高的供应商少订货。对供应商而言,因为每个供应商建设初始生产规模都有一定的成本,导致 JIT 装配企业向供应商订货量过少时,供应商的利润将为负数,因此供应商应该积极地争取 JIT 装配企业的订货量,以免由于 JIT 装配企业的订货量太低导致自身利润降低甚至亏本,而争取 JIT 装配企业订货量的关键就是降低自身的生产不确定性。

因此 JIT 装配企业双源采购是为了降低供应商的生产不确定性。因为在 JIT 装配企业双源采购的过程中,两个供应商为了争夺 JIT 装配企业的订货量,会积极地改善自身的生产不确定性,从而达到 JIT 装配企业激励供应商改善自身生产不确定性的目的。

(二)市场需求 y 变化对最优值和最优利润的影响

以上分析显示供应商的生产不确定性将影响 JIT 装配企业向两个供应商的订货量,从而影响供应商的最优生产量与最优利润。那么市场需求的变化又会对两个供应商和 JIT 装配企业的最优决策和最优利润有怎样的影响呢?以下将分析市场需求变化对两个供应商和 JIT 装配企业最优决策与最优利润的影响。

假定市场需求 $y \in [200, 300]$ 的均匀分布,且变化的市场需求满足 $y \in [a, a+100]$,则市场需求的均值为 $E(y) = (a + a + 100)/2$,随着 a 的变化,市场需求的均值不断变化。下面将分析市场需求变化的过程中,供应商与 JIT 装配企业最优决策和最优利润的变化。

从表 6-4 可知,随着市场需求的不断增加,JIT 装配企业向两个供应商的订货量都增加了,但是向供应商 1 的订货量增加量大于供应商 2 的增加量;同时尽管两个供应商的生产量都随着市场需求的增加而增加,但供应商 2 的利润却减少了,主要是因为供应商 2 初始生产规模更小($K_1 = 300$,$K_2 = 200$),供应商 2 因为初始生产规模有限,增加生产量就不得不付出更高的扩张规模的成本,造成供应商 2 的利润降低,甚至当供应商 2 的生产量超过一定量时,他的利润为负。但供应商 1 由于初始生产规模很大,随着 JIT 装配企业订货量的增加,供应商 1 的生产量越来越大,其充分利用了供应商 1 的初始生产规模,供应商 1 的利润也越来越大。

表 6-4 市场需求变化对最优值和最优利润的影响

y	a	x_1	x_2	Q_1	Q_2	Π_1	Π_2	Π
[40, 140]	40	134.13	96.67	104.87	91.50	-686.39	793.79	8033.62
[80, 180]	80	169.78	120.99	132.75	114.52	-377.99	692.22	9986.07
[120, 220]	120	205.43	145.31	160.62	137.55	-69.71	590.66	12171.76
[160, 260]	160	241.08	169.63	188.49	160.57	238.56	489.09	14031.14
[200, 300]	200	276.73	193.96	216.37	183.59	546.96	387.61	15564.55
[240, 340]	240	312.38	218.28	244.24	206.62	855.24	286.06	16771.33
[280, 380]	280	348.03	242.60	272.11	229.64	1163.52	184.49	17651.79
[320, 420]	320	383.68	266.93	299.99	252.66	1471.92	83.01	18206.43
[360, 460]	360	419.33	291.25	327.86	275.69	1780.20	-18.53	18434.29

(三)供应商 i 的单位生产扩张成本 θ_i 对最优值和最优利润的影响

假设将两个供应商和 JIT 装配企业的利润之和用 Π_T 表示,在将供应商 1 的单位生产规模扩张成本从 0 以间隔 4 为单位递增到 32 的过程中,JIT 装配企业最优订货量和最优利润与供应商最优生产量和最优利润变化如表 6-5 所示。

表6-5 供应商1生产规模扩张成本 θ_1 对最优值和最优利润的影响

θ_1	η_1	x_1	x_2	Q_1	Q_2	Π_1	Π_2	Π	Π_T
0	∞	319.00	179.80	223.43	170.20	547.75	204.58	16180.76	16933.09
4	2	307.00	183.58	221.54	173.77	554.07	253.43	16014.59	16822.09
8	10/8 = 5/4	296.05	187.19	219.74	177.19	555.42	300.11	15857.17	16712.70
12	10/12 = 5/6	286.00	190.64	218.02	180.46	552.80	344.72	15707.25	16604.77
16	10/16 = 5/8	276.73	193.96	216.37	183.59	546.96	387.61	15564.55	16499.12
20	10/20 = 1/2	268.16	197.14	214.78	186.61	538.57	428.75	15428.15	16395.47
24	10/24 = 5/12	260.20	200.21	213.25	189.51	528.20	468.43	15297.93	16294.56
28	10/28 = 5/14	252.78	203.17	211.78	192.31	516.30	506.69	15173.05	16196.04
32	10/32 = 5/16	245.85	206.02	210.35	195.01	503.13	543.55	15053.02	16099.70

从表6-5中可知,随着供应商1的单位规模扩张成本的增加,JIT装配企业向供应商1的订货量 Q_1 逐渐减少,向供应商2的订货量 Q_2 逐渐增加;供应商1的生产量 x_1 逐渐减少,供应商2的生产量 x_2 逐渐增加;同时供应商1的利润 Π_1 逐渐减少,供应商2的利润 Π_2 逐渐增加;JIT装配企业的利润 Π 逐渐减少,供应链整体利润减少。

将供应商1的单位生产规模扩张成本从1以间隔4为单位递增到33的过程中,JIT装配企业最优的订货量和最优利润与供应商最优生产量和最优利润变化如表6-6所示。

表6-6 供应商2生产规模扩张成本 θ_2 对最优值和最优利润的影响

θ_2	η_2	x_1	x_2	Q_1	Q_2	Π_1	Π_2	Π	Π_T
1	8	232.18	286.23	181.53	204.81	1.62	1501.97	17009.11	18512.70
5	8/5	249.61	245.64	195.16	196.51	214.97	1147.65	16434.34	17796.96
9	8/9	264.20	216.31	206.57	189.56	393.57	769.32	15962.84	17125.73
13	8/13	276.73	193.96	216.37	183.59	546.96	387.61	15564.55	16499.12
17	8/17	287.71	176.27	224.95	178.37	681.29	10.88	15221.19	15913.36
21	8/21	297.46	161.86	232.58	173.72	800.70	-357.54	14919.77	15362.93
25	8/25	306.23	149.86	239.43	169.55	907.95	-716.49	14652.11	14843.57
29	8/29	314.19	139.69	245.66	165.76	1005.45	-1065.66	14411.95	14351.74
33	8/33	321.47	130.95	251.35	162.29	1094.53	-1405.16	14194.84	13884.21

第 6 章 供方规模扩张柔性不同条件下的 JIT 装配企业双源采购决策

从表 6-6 中可以看出，JIT 装配企业向供应商 1 的订货量 Q_1 逐渐增加，JIT 装配企业向供应商 2 的订货量 Q_2 逐渐减少；供应商 1 的生产量 x_1 逐渐增加，供应商 2 的生产量 x_2 逐渐减少；同时供应商 1 的利润 Π_1 逐渐增加，供应商 2 的利润 Π_2 逐渐减少；JIT 装配企业的利润逐渐减少，供应链总利润 Π_T 减少。

以上分析表明，无论是供应商 1 还是供应商 2 单位扩张生产规模的成本增加，JIT 装配企业的利润都会减少，同时供应链的利润也会减少，这也从一个侧面解释了，为什么当中国的劳动力成本增加，也就是供应商扩张生产规模的单位成本增加时，不少外资需要扩大生产规模，将自己新增加的工厂设在越南等生产规模扩张成本更低的国家。

（四）供应商初始生产规模 K_i 对最优利润的影响

由以上分析数据表明：$\eta_1 = 10/16 = 5/8 > p_1(= 0.2)$，$\eta_2 = 8/13 < p_2(= 0.8)$，因此供应商 1 的利润随着自身初始生产规模 K_1 的增加而减少；供应商 2 的利润随着自身初始生产规模 K_2 的增加而增加，图 6-2 和图 6-3 验证了定理 6.2。

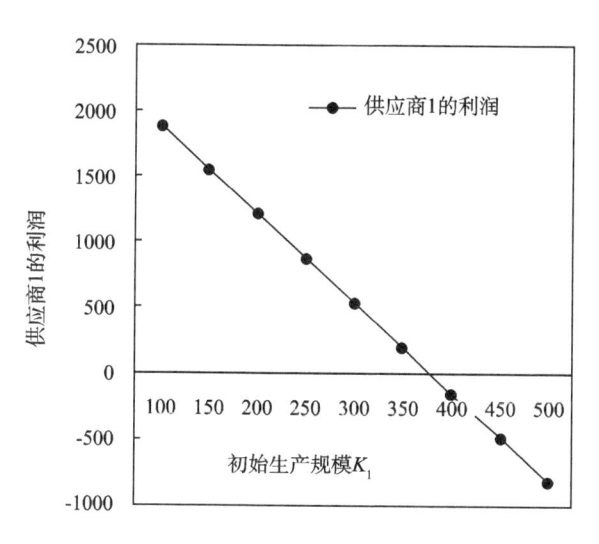

图 6-2 供应商 1 的利润随 K_1 变化情况

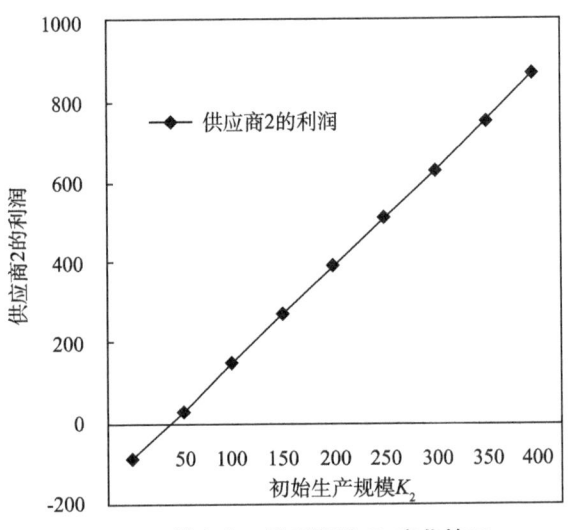

图 6-3 供应商 2 的利润随 K_2 变化情况

本节的分析表明，供应商在决策自身最优初始生产规模时，需要考虑的是 JIT 装配企业订货量超过自身初始生产规模的概率和自身生产规模扩张柔性之间的相对大小，如果 JIT 装配企业将来增加订货量的可能性很低，是扩张生产规模的柔性很低，则 JIT 装配企业应该建设一个更大的初始生产规模，反之应该建相对更小的初始生产规模。

（五）供应商生产量超过初始生产规模 K_i 的概率 p_i 对最优值与最优利润的影响

改变供应商 1 生产量超过初始生产规模的概率 p_1，求解 JIT 装配企业与两个供应商的最优决策与最优利润。

由表 6-7 可知，随着供应商 1 生产量超过其初始生产规模 K_1 的概率 p_1 的增加，供应商 1 的生产量越来越少，供应商 2 的生产量越来越多；JIT 装配企业向供应商 1 的订货量越来越少，JIT 装配企业向供应商 2 的订货量越来越多；供应商 1 的利润先增加后减少，主要是因为供应商 1 的初始生产规模 K_1 = 300，当供应商 1 的生产量超过初始生产规模的概率从 p_1 = 0 变到 p_1 = 0.1 时，供应商的最优生产量从 x_1 = 319.00 减少到 x_1 = 296.05；供应商 2 的利润一直在增加，JIT 装配企业的利润一直在减少。

表 6-7　概率 p_1 对最优值和最优利润的影响

p_1	x_1	x_2	Q_1	Q_2	Π_1	Π_2	Π
0	319.00	179.80	223.43	170.20	547.75	204.58	16180.76
0.1	296.05	187.19	219.74	177.19	555.42	300.11	15857.17
0.2	276.73	193.96	216.37	183.59	546.96	387.61	15564.55
0.3	260.20	200.21	213.25	189.51	528.20	468.43	15297.93
0.4	245.85	206.02	210.35	195.01	503.13	543.55	15053.02
0.5	233.26	211.45	207.65	200.15	474.49	613.75	14827.07
0.6	222.10	216.55	205.10	204.98	443.86	679.69	14617.40
0.7	212.12	221.35	202.71	209.52	412.55	741.74	14421.41
0.8	203.15	225.89	200.45	213.82	381.57	800.44	14238.56
0.9	195.02	230.20	198.30	217.90	351.30	856.16	14066.82

改变供应商 2 生产量超过初始生产规模的概率 p_2，求解 JIT 装配企业与两个供应商的最优决策与最优利润如表 6-8 所示。

表 6-8　概率 p_2 对最优值和最优利润的影响

p_2	x_1	x_2	Q_1	Q_2	Π_1	Π_2	Π
0	227.24	299.02	177.67	207.17	-58.80	1581.92	17174.58
0.1	235.14	278.87	183.85	203.40	3.79	1449.70	16910.86
0.2	242.40	261.64	189.52	199.94	126.69	1242.56	16670.75
0.3	249.12	246.71	194.78	196.75	209.01	1159.30	16450.77
0.4	255.36	233.61	199.66	193.77	285.39	1007.07	16247.19
0.5	261.21	222.02	204.23	190.99	356.95	852.83	16058.97
0.6	266.69	211.67	208.51	188.38	423.96	697.64	15883.12
0.7	271.85	202.37	212.55	185.92	487.18	542.38	15718.69
0.8	276.73	193.96	216.37	183.59	546.96	387.61	15564.55
0.9	281.36	186.30	219.98	181.39	603.51	233.66	15419.21

由表 6-8 可知，随着供应商 2 生产量超过其初始生产规模 K_2 的概率 p_2 的增加，供应商 1 的生产量 x_1 越来越多，供应商 2 的生产量 x_2 越来越少；JIT 装配企业向供应商 1 的订货量 Q_1 越来越多，JIT 装配企业向供应商 2 的订货量

Q_2 越来越少；供应商 1 的利润 Π_1 一直增加，供应商 2 的利润 Π_2 一直在减少，JIT 装配企业的利润 Π 一直减少。

6.4.3 管理启示

现实中，供应商的生产规模扩张柔性一般不同，在一些发达国家由于严格的工资制度、良好的社会福利等造成生产规模扩张成本极高，规模扩张柔性极低。但在发展中国家，由于劳动力资源富裕、福利制度不完善等造成生产规模扩张成本较低，生产规模扩张柔性很高。因此供应商在建设自身初始生产规模时需要充分考虑到生产规模扩张柔性。本章研究也表明，供应商建设多大的初始生产规模取决于自身生产规模扩张柔性与未来生产量超过供应商初始生产规模的概率之间的相对大小，如果 JIT 装配企业未来订货量增加的可能性很大，则供应商应该建设一个更大的初始生产规模；如果 JIT 装配企业未来订货量增加的可能性很小，则供应商应该建设一个更小的初始生产规模。但现实中，JIT 装配企业订货量是未知数，供应商只能通过调查问卷等方式预测，因此供应商初始生产规模的大小主要取决于供应商的规模扩张柔性。

6.5 本章小结

在本章中，将供应商的单位初始生产规模成本与单位扩张生产规模成本之间的比值叫作规模扩张柔性。本章研究了 JIT 装配企业同时向两个存在不同规模扩张柔性的供应商采购零部件的双源采购问题，探讨了供应商初始生产规模与规模扩张柔性之间的关系，求解了 JIT 装配企业的最优订货决策和两个供应商最优的生产策略。本研究为一个 JIT 装配企业向两个存在不同生产规模扩张柔性的供应商采购零部件的双源采购问题提供了有益的参考。

研究发现：①供应商建设初始生产规模的大小，取决于供应商生产量超过初始生产规模的概率与供应商生产规模扩张柔性之间的相对大小，当前者大于后者时，供应商的利润与初始生产规模成正比；当前者小于后者时，供应商利润与初始生产规模成反比。②当市场需求和供应均不确定时，在一个 JIT 装配企业向两个生产规模扩张柔性不同的供应商双源采购的过程中，JIT 装配企业仍然存在向两个供应商最优的订货量，两个供应商仍然存在自身最优的生产量。

本研究中假定供应商生产量超过供应商初始生产规模的概率为常数，但在实际中这个概率跟供应商的初始生产规模有关，未来的研究可以考虑此概率与供应商初始生产规模存在一定关系下的全球双源采购问题。

第7章 供应提前期不同条件下的 JIT 装配企业双源采购决策

7.1 引言

以上几章对供应商各种不可靠供应条件下的双源采购问题进行了研究，供应商提前期的不可靠性一直是不可靠性中最为重要的一种，但两个不确定提前期的双源采购问题在数学上被证明无解。在将时间离散化的过程中，两个供应商仅是提前期存在不同，因此本章将对供应提前期不同情况下的双源采购问题进行相关研究。

JIT 装配企业国际采购已经逐渐变成一种趋势，几十年来，劳动密集型产品的制造都在劳动力成本相对低廉的发展中国家，而对这些产品进一步生产的装配企业一般都在西方国家。采用这种模式最明显的是汽车产业、飞机产业。国际采购是获得更加低廉零部件的方式之一。但国际采购路途遥远，采购的商品通常需要更长的提前期，使得国际采购服务水平极差（Stalk，2006）。本地采购提前期短，但价格一般都相当高。因此一些大型的装配企业均采用国际采购与本地采购相结合的方式，以便可以更好地反应市场需求的快速变化，在减少缺货可能性的同时降低采购成本（Allon，Van Mieghem，2010）。所以装配企业同时向一个价格低但提前期长的海外供应商和一个价格高但提前期短的本地供应商采购零部件的双源采购策略综合了两个供应商的优势。

笔者与课题组成员在调研中发现，佛山一家零部件生产商发生火灾，导致广州一家只采用这家零部件生产的装配工厂停产一天，损失相当惨重。但珠海一家生产医疗产品的厂家就同时向浙江和欧洲采购，为自身获得了稳定的货源。同时很多的装配企业将自身的装配基地建在利于运输的交通便利地段，由于前期建设空间有限，后期扩建困难，导致存放空间不足。为了充分满足 JIT 生产物料的准时性，很多的装配企业将自身无法存放的零部件放在第三方物流公司处，在需要时才由第三方物流公司运到装配工厂。这些物流公司往往网络比较健全，物流管理经验很足。

这样的管理方式方便了装配企业按照自身的需要生产，同时也免除了扩大存储空间的成本。第三方物流公司利用自己专业的物流管理能力帮助 JIT 装配企业更好地管理库存，但 JIT 装配企业要付给第三方物流公司比存放在自身处更高的物流费用。因此 JIT 装配企业自身建设多大的存放空间将是一个重要的决策内容，过大将会因为需要摆放的零部件过少而浪费，过小将会付出更多的物流成本给第三方物流公司。本章研究中求解了理论上 JIT 装配企业最优的初始存储空间，以及 JIT 装配企业最优的平滑采购系数。

本章中 JIT 装配企业向海外供应商和本地供应商双源采购的过程中，采用指数平滑策略，即 JIT 装配企业的订货量与上一期订货量和当期需求量有关。指数平滑策略是很著名的减少风险的方法，订货指数平滑策略比原来的按照市场需求量而订货的策略更好，主要是因为平滑之后的订货风险更低。

不少文献采用了平滑策略，如 Hyndman 等（2002）采用平滑策略建立了自动预测方法，并证明这种方法在有充分季节性数据的情况下可以取得更好的预测效果。Huang 等（2012）采用双指数平滑策略预测云用户的资源使用情况，解决了云计算的收费问题。

国内学者也有不少采用平滑策略的，如何大四等（2005）采用改进的季节性指数平滑方法预测了空调的负荷能力，发现预测值与真实值的误差仅为 8.8%。陈宁等（2005）采用二次指数平滑策略预测快速成长的港口吞吐量，证明此方法预测效果良好。张卫中等（2006）采用指数平滑策略预测了重庆市的煤炭需求量，预测值与实际消耗值之间的差距很小，证明指数平滑可以很好地预测重庆市短期的煤炭需求量。段功豪等（2016）采用动态指数平滑模型预测了因为降雨引起的滑坡事件。尽管指数平滑策略在预测方面得到了大量的应用，但在采购中的应用还比较少。

以往文献对双源采购的研究很多，但是将平滑采购策略应用在供应商提前期不同条件下的双源采购问题中的研究还很少。同时为了满足 JIT 生产的需求，装配企业的库存一般需要在 JIT 装配企业处短暂地停留，但是 JIT 装配企业在生产之前的零部件往往过多，随着生产的扩大，原有的摆放空间往往存在限制，导致很多 JIT 装配企业只允许少部分装配需要的零部件存放在自身库房中，大量快到使用时间的零部件存储在第三方物流公司处。JIT 装配企业支付相关费用给第三方物流公司，第三方物流公司按照 JIT 装配企业的需要将零部件运往装配工厂，通常是随到随用。本章研究中假设 JIT 装配企业对两个供应商的订货量均采取平滑策略，即当期的订货量跟上一期订货量和当期的需求量有关。首先研究了市场需求满足正态分布的情况下，JIT 装配企业双源采购，还是只向本地供应商采购成本最低的条件。在 JIT 装配企业摆放空间存在限制的条件下，研究了一个 JIT 装配企业同时向一个价格低但提前期长的海外供应商和一个价格高但提前期短的本地供应商采购零部件的双源采购问题，求解了使 JIT 装配企业的期望平均成本最低的平滑采购系数和最优的初始存放空间，最后用算例分析了本章的相关结论。

7.2 问题描述、符号说明与基本假设

假设一个 JIT 装配企业同时向一个海外便宜的供应商 g 和一个本地昂贵的供应商 l 采购零部件，设 $i \in (l, g)$。假设将订货时间离散化为 $t = 0, 1, 2, \cdots, T$ 期，供应商 g 与供应商 l 的提前期分别为 l_g，l_l，且 $l_l < l_g$，假设 $\Delta l = l_g - l_l \geqslant 1$。也就是说 t 期到货的产品分别是 $t - l_l$，$t - l_g$ 期的订货，如果订货提前期为零，则表示本期的订货可以本期到达，满足下期的需要。订购量分别为 Q_l，Q_g。JIT 装配企业建设的初始存放空间有限，最多能容纳 K 单位的产品，自身库存存储成本为单位时间单位产品花费 h_k，即初始库存建设总的成本为 $h_k K$。JIT 装配企业接收的零部件超过 K 单位的只能将其托管在第三方物流公司处，第三方物流公司单位时间单位产品收取物流费 h_s。其中第三方物流公司会负责按规定时间将零部件送往 JIT 装配企业处，还会靠此业务获利，而 JIT 装配企业自身的初始建设库存成本更低，即有 $h_k < h_s$。假设 JIT 装配企业在订货时间点 t 分别向海外供应商与本地供应商的订货量分别为 Q_t^l，Q_t^g，且 JIT 装配企业采用指数平滑的采购策略，也就是当期的订货量是上一期订购量和本期

需求量的线性函数，即 $Q_t^l = \alpha Q_{t-1}^l + (1-\alpha)D_t$；$Q_t^g = \alpha Q_{t-1}^g + (1-\alpha)D_t$，其中当 $\alpha = 1$ 时，即 $Q_t^l = Q_{t-1}^l = Q_{t-2}^l = \cdots$；$Q_t^g = Q_{t-1}^g = Q_{t-2}^g = \cdots$ 表示每期的订货量不变，此种策略在市场需求剧烈变化时风险极高；当 $\alpha = 0$ 时，$Q_t^l = D_t^l = \cdots$；$Q_t^g = D_t^g = \cdots$ 表示每期的订货量为当期的需求量，库存策略为需求替代策略，但此种情况很难实现，除非商品为预售品，提前已知市场需求量。所以正常情况下有 $0 < \alpha < 1$，表示订货策略是介于以上两种策略之间的一种指数平滑策略，本章主要分析指数平滑采购策略下的情况。

平滑采购策略在预测中经常使用（Huang et al., 2012），同时在库存管理中采用平滑策略的地方也有很多，如 Cannella 等（2010）在供应链成员之间合作的情况下，采用平滑的采购策略研究了考虑消费者服务水平的供应链最优运营策略，研究发现平滑的采购策略可以降低供应链的牛鞭效应，但同时也会降低对消费者的服务水平。D'Avino 等（2014）采用平滑策略改善了原有的 MRP 系统的计算方法，并将这种新的 MRP 算法应用在印度的一个工厂中，证明了采用平滑策略改善之后的 MRP 系统更好。

假设 JIT 装配企业产品市场需求 D_t 满足参数 $E(D_t) = \mu$，$Var(D_t) = \sigma^2$ 的正态分布。没有销售出的库存需要单位时间单位成本 h 的库存成本，需求不足单位损失为 b，JIT 装配企业向本地供应商的采购成本为 c^l，JIT 装配企业向海外供应商的采购成本为 c^g。因为海外供应商提前期长，但是价格更有优势，故有 $c^l > c^g$。

7.3 模型构建

7.3.1 JIT 装配企业无存放空间限制条件下的最优策略

当 JIT 装配企业开始建设的初始存放空间足够时，采购的零部件直接进入 JIT 装配企业的存放仓库。在这种情况下，以下分析中首先讨论 JIT 装配企业采购的订货量与库存成本必须满足的条件，然后分析 JIT 装配企业双源采购时订货量与库存成本必须满足的条件，再通过比较两者，获得 JIT 装配企业单源采购还是双源采购最优的条件。

(一) 单源采购

因市场需求满足正态分布,所以当 JIT 装配企业单源采购,且在平滑采购策略下有:

$$Q_t^i = \alpha Q_{t-1}^i + (1-\alpha)D_t$$
$$= \alpha[\alpha Q_{t-2}^i + (1-\alpha)D_{t-1}] + (1-\alpha)D_t + \cdots$$
$$= \sum_{k=l_i}^{t-l_i}(1-\alpha)\alpha^k D_{t-l_i-k}$$

则: $E(Q_t^i) = \mu$, $Var(Q_t^i) = \dfrac{1-\alpha}{1+\alpha}\sigma^2$。

只采用供应商 i 时的库存水平可表示为:

$$I_t^i = I_{t-1}^i + Q_{t-1} - D_t$$
$$= I_{t-1}^i + \sum_{k=0}^{t-l_i-1}(1-\alpha)\alpha^k D_{t-l_i-k-1} - D_t$$
$$= I_{t-2}^i + \sum_{k=0}^{t-l_i-2}(1-\alpha)\alpha^k D_{t-l_i-k-2} - D_{t-1} + \sum_{k=0}^{t-l_i-1}(1-\alpha)\alpha^k D_{t-l_i-k-1} - D_t$$
$$= I_{-1}^i + \sum_{j=1}^{t-l_i}\sum_{k=\Delta l}^{t-l_i-j}(1-\alpha)\alpha^k D_{t-l_i-k-j} + \sum_{k=0}^{t-l_i}D_{t-l_i-k} - \sum_{k=0}^{l_i-1}D_{t-k}$$
$$= I_{-1}^i - \sum_{k=0}^{t-l_i}\alpha^k D_{t-l_i-k} - \sum_{k=0}^{l_i-1}D_{t-k}$$

当 $0 < \alpha < 1$ 时,JIT 装配企业的库存也满足正态分布,其方差为 $Var(I_t^i) = \dfrac{1}{1-\alpha^2}\sigma^2 + l_i\sigma^2$,假定库存水平的期望值为 I_μ,即 $E(I_t^i) = I_\mu$。由库存的表达式可知,JIT 装配企业库存的方差仅与供应商的提前期 l_i 和平滑系数 α 有关。

在 JIT 装配企业单源采购的过程中,JIT 装配企业的期望平均成本用 $C_T^i(\alpha)$ 表示为:

$$C_T^i(\alpha) = \frac{1}{T}\sum_{t=0}^{T}\{c^i Q_t^i + h(I_t)^+ + b(I_t)^-\} \quad [i \in (l,g)] \quad (7-1)$$

(二) 双源采购

定理 7.1 当 JIT 装配企业同时向海外供应商和本地供应商采购零部件,

且均对两者采取平滑的采购策略时，满足：$E(Q_t^l) = (1-\alpha^{\Delta l})\mu$，$Var(Q_t^l) = \dfrac{1-\alpha}{1+\alpha}(1-\alpha^{2\Delta l})\sigma^2$；$E(Q_t^g) = \alpha^{\Delta l}\mu$，$Var(Q_t^g) = \dfrac{1-\alpha}{1+\alpha}\alpha^{2\Delta l}\sigma^2$。

证明： 因需求满足正态分布，且采用当期订货量与上期订货量与本期需求有关的平滑采购策略，则有：

$$Q_t^l = \alpha Q_{t-1}^l + (1-\alpha)D_t$$

代入叠加可得：

$$Q_{t-1}^l = \alpha Q_{t-2}^l + (1-\alpha)D_{t-1}, \cdots, Q_0^l = \alpha Q_{-1}^l + (1-\alpha)D_0$$

所以当 $t \to \infty$ 时，因为：

$$Q_t^l = \sum_{k=0}^{\Delta l-1}(1-\alpha)\alpha^k D_{t-l_l-k} = (1-\alpha)D_{t-l_l} + (1-\alpha)\alpha D_{t-l_l-1}, \cdots$$

所以：

$$E(Q_t^l) = \sum_{k=0}^{\Delta l-1}(1-\alpha)\alpha^k E(D_{t-l_l-k})$$
$$= (1-\alpha)E(D_{t-l_l}) + (1-\alpha)\alpha E(D_{t-l_l-1}) + \cdots + (1-\alpha)\alpha^{\Delta l-1}E(D_{t-l_l-\Delta l+1})$$
$$= (1-\alpha)\mu Z + (1-\alpha)\alpha\mu + \cdots + (1-\alpha)\alpha^{\Delta l-1}\mu (Z 为标准正态分布中的变量)$$

$$Var(Q_t^l) = \sum_{k=0}^{\Delta l-1}(1-\alpha)\alpha^k Var(D_{t-l_l-k})$$
$$= (1-\alpha)^2 Var(D_{t-l_l}) + (1-\alpha)^2\alpha^2 Var(D_{t-l_l-1}) + \cdots$$
$$+ (1-\alpha)^2\alpha^{(\Delta l-1)^2} Var(D_{t-l_l-\Delta l+1})$$
$$= (1-\alpha)^2\sigma^2 + (1-\alpha)^2\alpha^2\sigma^2 + \cdots + (1-\alpha)^2\alpha^{(\Delta l-1)^2}\sigma^2$$

根据等比数列求和公式，可得：

$$E(Q_t^l) = (1-\alpha)\dfrac{1-\alpha^{\Delta l}}{(1-\alpha)}\mu = (1-\alpha^{\Delta l})\mu$$

$$Var(Q_t^l) = (1-\alpha)^2\dfrac{1-\alpha^{2\Delta l}}{1-\alpha^2}\sigma^2 = \dfrac{1-\alpha}{1+\alpha}(1-\alpha^{2\Delta l})\sigma^2$$

因：$Q_t^g = (1-\alpha)\alpha^{\Delta l}D_{t-l_l-\Delta l} + (1-\alpha)\alpha^{\Delta l+1}D_{t-l_l-\Delta l-1} + \cdots$，根据等比数列求和公式，同理可得：

$$E(Q_t^g) = (1-\alpha)\dfrac{\alpha^{\Delta l}}{(1-\alpha)}\mu = \alpha^{\Delta l}\mu$$

$$Var(Q_t^g) = (1-\alpha)^2\dfrac{\alpha^{2\Delta l}}{1-\alpha^2}\sigma^2 = \dfrac{1-\alpha}{1+\alpha}\alpha^{2\Delta l}\sigma^2$$

即 $E(Q_t^l) = (1-\alpha^{\Delta l})\mu, Var(Q_t^l) = \dfrac{1-\alpha}{1+\alpha}(1-\alpha^{2\Delta l})\sigma^2; E(Q_t^g) = \alpha^{\Delta l}\mu,$
$Var(Q_t^g) = \dfrac{1-\alpha}{1+\alpha}\alpha^{2\Delta l}\sigma^2$,证毕。

两个供应商的供货可能会同时到达 JIT 装配企业处，但是两个供应商的订货量都是市场需求的线性函数，则同时到货也只是市场需求的线性函数，因此不影响下面的整个分析过程，且因为 $Q_t = Q_t^l + Q_t^g$，则根据以上的分析可知：
$E(Q_t) = \mu, Var(Q_t) = \dfrac{1-\alpha}{1+\alpha}\sigma^2$。

所以 JIT 装配企业向本地供应商的订货量的均值系数是 $\alpha^{\Delta l}(\alpha^{\Delta l} \leq \alpha)$，JIT 装配企业向海外供应商的订货量的均值系数是 $1-\alpha^{\Delta l}(1-\alpha^{\Delta l} \leq \alpha)$；同时 JIT 装配企业向两个供应商订货量的方差均小于市场需求的方差，即 $\dfrac{1-\alpha}{1+\alpha}(1-\alpha^{2\Delta l}) < 1$，$\dfrac{1-\alpha}{1+\alpha}\alpha^{2\Delta l} < 1$，JIT 装配企业采用平滑采购策略之后，向本地供应商和海外供应商采购的风险均变小了。

定理 7.2 双源采购的库存均值和方差均等于 JIT 装配企业本地采购时的均值与方差，即 $Var(I_t^d) = \dfrac{1}{1-\alpha^2}\sigma^2 + l_l\sigma^2 = Var(I_t^l), E(I_t^d) = E(I_t^l) = I_\mu$。

证明：当 JIT 装配企业双源采购时，库存水平用 I_t^d 表示为：

$$\begin{aligned}
I_t^d &= I_{t-1}^d + Q_t - D_t \\
&= I_{t-1}^d + \sum_{k=\Delta l}^{t-l_l}(1-\alpha)\alpha^k D_{t-l_l-k} + \sum_{k=0}^{\Delta l-1}(1-\alpha)\alpha^k D_{t-l_l-k} - D_t \\
&= I_{t-2}^d + \sum_{k=\Delta l}^{t-l_l-1}(1-\alpha)\alpha^k D_{t-l_l-k-1} + \sum_{k=0}^{\Delta l-1}(1-\alpha)\alpha^k D_{t-l_l-k-1} \\
&\quad + \sum_{k=\Delta l}^{t-l_l}(1-\alpha)\alpha^k D_{t-l_l-k} + \sum_{k=0}^{\Delta l-1}(1-\alpha)\alpha^k D_{t-l_l-k} - D_t \\
&= I_{-1}^d + \sum_{j=1}^{t-l_l}\sum_{k=\Delta l}^{t-l_l-j}(1-\alpha)\alpha^k D_{t-l_l-k-j} + \sum_{j=1}^{t-l_l}\sum_{k=0}^{\Delta l-1-j}(1-\alpha)\alpha^k D_{t-l_l-k-j} - \sum_{k=0}^{t}D_{t-k} \\
&= I_{-1}^d + \sum_{k=0}^{t-l_l}(1-\alpha^k)D_{t-l_l-k} + \sum_{k=0}^{t-l_l}(1-\alpha)\alpha^k D_{t-l_l-k} - \sum_{k=0}^{t-l_l}D_{t-l_l-k} - \sum_{k=0}^{l_l-1}D_{t-l_l-k} \\
&= I_{-1} - \sum_{k=0}^{t-l_l}\alpha^{k+1}D_{t-l_l-k} - \sum_{k=0}^{l_l-1}D_{t-l_l-k}
\end{aligned}$$

因为市场需求满足参数 $E(D_t) = \mu$，$Var(D_t) = \sigma^2$ 的正态分布，则 JIT 装配企业双源采购时的库存满足：$Var(I_t^d) = \dfrac{1}{1-\alpha^2}\sigma^2 + l_l\sigma^2$；$E(I_t^d) = I_\mu$ 的正态分布，证毕。

当 JIT 装配企业对两个供应商均采取平滑的采购策略，且平滑系数满足 $0 < \alpha < 1$ 时，无论 JIT 装配企业只向本地供应商采购零部件，还是同时向海外供应商和本地供应商采购零部件，JIT 装配企业的库存均满足正态分布，也就是说 JIT 装配企业双源采购并没有影响其库存的分布，其方差和均值均等于 JIT 装配企业只本地采购时的方差和均值，即：

$$Var(I_t^d) = \dfrac{1}{1-\alpha^2}\sigma^2 + l_l\sigma^2 = Var(I_t^l),\quad E(I_t^d) = E(I_t^l) = I_\mu。$$

则根据基于最小总费用的安全库存求解方法，求解使库存引起的费用最低的库存，也就是使得装配企业因库存引起的成本最低的库存，即最优库存，设安全库存为 I_s，满足 $I_s = z_I\sigma\sqrt{\dfrac{1}{1-\alpha^2} + l_l}$（周永务，王圣东，2009）。

由以上库存方差的表达式可知，JIT 装配企业双源采购时的库存方差仅与提前期短的供应商提前期 l_l 和平滑系数 α 有关，与提前期长的供应商无关。

双源采购时，JIT 装配企业的平均期望成本函数可表示为：

$$C_T^d(\alpha) = \dfrac{1}{T}\sum_{t=0}^{T}\left\{\sum_{i \in (l,g)} c^i Q_t^i + h\,(I_t^d)^+ + b\,(I_t^d)^-\right\} \qquad (7-2)$$

（三）本地采购与双源采购比较分析

根据以上的分析可知，当 JIT 装配企业对两个供应商都采取平滑采购策略时，无论 JIT 装配企业从本地供应商处采购还是双源采购，JIT 装配企业的库存均值与方差都一样。因此利用此性质，以下分析中将比较 JIT 装配企业只从本地供应商处采购和双源采购时，库存引起的成本差异。将以上分析中与库存有关的成本单独取出，令其为 $C(I_t^\gamma)$，可得：

$$C(I_t^\gamma) = hE[(I_t^\gamma)^+] + bE[(I_t^\gamma)^-] \quad [\gamma \in (l,d)] \qquad (7-3)$$

因为双源采购和本地采购的均值和方差均相等，令 $\sigma_I = \sigma_{I^d} = \sigma_{I^l}$，且 $z_I = I_u/\sigma_{I^r} = z_{I^d} = z_{I^l}$。

定理 7.3 采用平滑的采购策略时，JIT 装配企业本地采购和双源采购存在最优的库存，满足：$\phi(z_I) = b/(b+h)$，其中的 $z_I = I_u/\sigma_I$。

证明： 假定库存的概率密度函数为 $f_{x^\gamma}(x^\gamma \mid I_\mu)$，设 $z = (x^\gamma - I_u)/\sigma_I$，且 $z_I = I_u/\sigma_I$，有 $x = z\sigma_I + z_I\sigma_I = \sigma_I(z + z_I)$，$f_{x^\gamma}(x^\gamma \mid I_\mu) = \phi(z)/\sigma_I$，则与库存相关的成本函数可表达为：

$$C(I_t^r) = h\int_0^{+\infty} x^\gamma f_{x^\gamma}(x^\gamma \mid I_\mu)\mathrm{d}x^\gamma - b\int_{-\infty}^0 x^\gamma f_{x^\gamma}(x^\gamma \mid I_\mu)\mathrm{d}x^\gamma$$

由高等数学中标准正态分布的性质可知：$\phi'(x) = -x\phi(x)$，则可以求得：$\int_{-\infty}^x -z\phi(z)\mathrm{d}z = \int_x^\infty z\phi(z)\mathrm{d}z = \phi(x)$。

以上只与库存有关的成本表达式可以化简为：

$$\begin{aligned}C(I_t^r) &= h\int_0^{+\infty} x^\gamma f_{x^\gamma}(x^\gamma \mid I_\mu)\mathrm{d}x^\gamma - b\int_{-\infty}^0 x^\gamma f_{x^\gamma}(x^\gamma \mid I_\mu)\mathrm{d}x^\gamma \\ &= h\int_{-z_I}^{+\infty} \sigma_I(z + z_I)\phi(z)\mathrm{d}z - b\int_{-\infty}^{-z_I} \sigma_I(z + z_I)\phi(z)\mathrm{d}z \\ &= h\sigma_I\{z_I[1 - \phi(-z_I)] + \phi(-z_I)\} - b\sigma_I[z_I\phi(-z_I) - \phi(-z_I)] \\ &= h\sigma_I z_I - \sigma_I z_I(b+h)\phi(-z_I) + \sigma_I(b+h)\phi(-z_I) \\ &= h\sigma_I z_I - \sigma_I(b+h)[z_I\phi(-z_I) - \phi(-z_I)] \\ &= h\sigma_I z_I + \sigma_I(b+h)\{\phi(z_I) - z_I[1 - \phi(z_I)]\} \\ &= -\sigma_I b z_I + \sigma_I(b+h)[z_I\phi(z_I) + \phi(z_I)]\end{aligned}$$

则只与库存相关部分成本函数的一阶导数为：

$$\begin{aligned}\frac{\mathrm{d}C(I_t^r)}{\mathrm{d}I_\mu} &= \frac{\mathrm{d}C(I_t^r)}{\sigma_I \mathrm{d}z_I} = -b + (b+h)[z_I\phi(z_I) + \phi(z_I) + \phi'(z_I)] \\ &= -b + (b+h)\phi(z_I)\end{aligned}$$

因为二阶导数 $\dfrac{\mathrm{d}^2 C(I_t^r)}{\mathrm{d}I_\mu^2} = \dfrac{-(b+h)}{\sigma_I}\phi(z_I) < 0$，则只与库存相关的成本函数的最优值满足 $\phi(z_I) = b/(b+h)$ 时，JIT 装配企业的期望平均成本最低。

所以无论 JIT 装配企业从本地供应商处采购还是双源采购，当库存满足以上最优值条件时，因为库存引起的期望平均费用将最低，则根据安全库存的求解方法，安全库存为 $I_s = z_I\sigma\sqrt{\dfrac{1}{1-\alpha^2} + l_l}$（周永务，王圣东，2009）。

以下将分析 JIT 装配企业本地单源采购还是双源采购最优的条件。假定：

$$\theta_I^{\gamma} = C(I_t^{\gamma})/\sigma_I = hz_I + (b+h)\{\phi(z_I) - z_I[1-\phi(z_I)]\} \quad (7-4)$$

由式（7-4）可知，θ_I^{γ} 都只与正态分布的相关变量有关，所以有：$\theta_I^l = \theta_I^d$，以下分析中令 $\theta_I = \theta_I^l = \theta_I^d$，则 JIT 装配企业只向本地供应商采购的期望平均成本，和同时向本地和海外双源采购时的期望平均成本可简化为：

$$C_T^l(\alpha) = c^l\mu + \theta_I\sigma\sqrt{\frac{1}{1-\alpha^2} + l^l}$$

$$C_T^d(\alpha) = c^g\alpha^{\Delta l}\mu + c^l(1-\alpha^{\Delta l})\mu + \theta_I\sigma\sqrt{\frac{1}{1-\alpha^2} + l^l}$$

以下将讨论 JIT 装配企业本地采购还是双源采购最优。

定理 7.4 在以上基本假设的条件下，JIT 装配企业只向本地供应商采购零部件的策略是绝对劣势策略，即 JIT 装配企业应该同时向海外供应商和本地供应商采购零部件，才能获得更低的期望平均成本。

证明： JIT 装配企业只向本地供应商处采购为最优策略时，需要满足的条件是：$C_T^l(\alpha) < C_T^d(\alpha)$，但是：

$$C_T^l(\alpha) - C_T^d(\alpha) = [c^l - c^g\alpha^{\Delta l} - c^l(1-\alpha^{\Delta l})]\mu$$
$$+ \theta_I\sigma\left(\sqrt{\frac{1}{1-\alpha^2} + l^l} - \sqrt{\frac{1}{1-\alpha^2} + l^l}\right)$$
$$= (c^l - c^g)\alpha^{\Delta l}\mu > 0$$

结论是不可能，即有 $C_T^l(\alpha) > C_T^d(\alpha)$。当 JIT 装配企业可以同时向海外供应商和本地供应商采取平滑采购策略时，JIT 装配企业应该双源采购，证毕。

由以上的分析可知，JIT 装配企业采取平滑采购策略时，双源采购策略和本地采购策略下因为销售库存引起的成本是一样的，但由于海外供应商的单位采购成本更低，因此 JIT 装配企业应双源采购。

7.3.2 JIT 装配企业存放空间存在限制条件下的最优策略

装配生产的特殊性要求在装配之前所有的零部件必须全部到位，加上装配生产的零部件很多，因此前期需要很大的摆放空间，装配完成后剩下的零部件才进入装配企业的库房中进行进一步的保存。所以我们可以将装配企业的零部件发到装配企业处分成两步，先是零部件到位进行装配生产，这个时候的零部件很多，需要很大的摆放空间，然后是装配生产结束之后剩余零部件的保存与管理。由于未来需求未知，JIT装配企业初始存放空间的建设规模是一个难题。当JIT装配企业建设一个初始摆放空间后，由于各种原因，之后的摆放存储空间很难扩张。当摆放空间不足时，JIT装配企业不得不将零部件存放在第三方物流公司处，由第三方物流公司按规定时间将零部件送到JIT装配企业的装配工厂，临到装配生产的时候才随到随用。但第三方物流公司会收取更贵的物流管理费用。在这种情况下，JIT装配企业的期望平均成本可表示为：

$$C_T^K(\alpha, K) = \frac{1}{T} \sum_{t=0}^{T} \left\{ \sum_{i \in (l,g)} c^i q_t^i + h_k K + h_s (Q_t - K)^+ + h(I_t^d)^+ + b(I_t)^- \right\}$$

(7-5)

JIT装配企业的平均成本主要有：支付给两个供应商的采购费用；JIT装配企业初始库存成本；库存超过JIT装配企业初始库存时，超过库存量的托管给第三方物流公司必须要支付的物流费用；库存少于市场需求时的缺货成本。

将只与初始库存空间K有关的变量取出，可得与初始库存空间大小有关的期望平均成本函数为：

$$C_T^K(K) = E(h_k K) + h_s E[(Q_t - K)^+]$$

由以上分析可知，Q_t满足参数$E(Q_t) = \mu$，$Var(Q_t) = \frac{1-\alpha}{1+\alpha} \sigma^2$的正态分布，假设分布函数与概率密度函数分别为$F(Q_t)$，$f(Q_t)$。

定理7.5 JIT装配企业存在最优的存放空间为$K^* = \mu + z_K \sqrt{\frac{1-\alpha}{1+\alpha}} \sigma$。

证明：由基本报童模型（周永务，王圣东，2009）可知：

$$C_T^K(\alpha) = h_k K + h_s \int_K^{+\infty} (Q_t - K) F(Q_t) dQ_t$$

$$= h_k K + h_s [\mu_{Q_t} - K + \int_0^K F(Q_t) dQ_t]$$

则关于最优初始存放空间K的一阶导数为：$\frac{\partial C_T^K(K)}{\partial K} = h_k - h_s + h_s F(K)$，则二阶导数$\frac{\partial^2 C_T^K(K)}{\partial K^2} = h_s f(K) > 0$。

可知JIT装配企业的期望平均成本函数中存在最优的K值，使得JIT装配企业期望平均成本最低，条件为：$\frac{\partial C_T^K(\alpha)}{\partial K} = h_k - h_s + h_s F(K) = 0$。

即 $F(K) = (h_s - h_k)/h_s$，令 $\phi(z_K) = (h_s - h_k)/h_s$，则关于 JIT 装配企业最优的初始存放空间产生的平均期望成本函数为：

$$C_T^K(K) = h_k(\mu_{Q_t} + z_K\sigma_{Q_t}) + \sigma_{Q_t}h_s[\phi(z_K) - z_K(1 - \phi(z_K))]$$

则 JIT 装配企业最优的初始存放空间为：$K^* = \mu + z_K\sqrt{\dfrac{1-\alpha}{1+\alpha}}\sigma$。

将最优的初始库存水平代入以上函数 $C_T^K(K)$ 中可得：

$$\begin{aligned}C_T^K(K) &= h_k K + h_s\int_K^{+\infty}(Q_t - K)f(Q_t)\mathrm{d}Q_t \\ &= h_k(\mu_{Q_t} + z_K\sigma_{Q_t}) + h_s\int_K^{+\infty}(Q_t - \mu_{Q_t} - z_K\sigma_{Q_t})f(Q_t)\mathrm{d}Q_t\end{aligned}$$

另 $z = (Q_t - \mu_{Q_t})/\sigma_{Q_t}$，则 $Q_t = \mu_{Q_t} + \sigma_{Q_t}z$，$\mathrm{d}Q_t = \sigma_{Q_t}\mathrm{d}z$，$f(Q_t) = \phi(z)/\sigma_{Q_t}$。

代入 $C_T^K(K)$ 得：

$$\begin{aligned}C_T^K(K) &= h_k(\mu_{Q_t} + z_K\sigma_{Q_t}) + h_s\int_{z_K}^{+\infty}\sigma_{Q_t}(z - z_K)\phi(z)\mathrm{d}z \\ &= h_k(\mu_{Q_t} + z_K\sigma_{Q_t}) + \sigma_{Q_t}h_s\{\phi(z_K) - z_K[1 - \phi(z_K)]\}\end{aligned}$$

因 $E(Q_t) = \mu$，$Var(Q_t) = \dfrac{1-\alpha}{1+\alpha}\sigma^2$，所以：

$$C_T^K(K) = h_k\mu + \sqrt{\dfrac{1-\alpha}{1+\alpha}}\sigma(h_k z_K + h_s\{\phi(z_K) - z_K[1 - \phi(z_K)]\})$$

则最终 JIT 装配企业的期望平均成本为：

$$\begin{aligned}E[C_T^K(\alpha,K)] &= (c^l + c^g)\mu + h_k\mu + \sqrt{\dfrac{1-\alpha}{1+\alpha}}\sigma(h_k z_K + h_s\{\phi(z_K) \\ &\quad - z_K[1 - \phi(z_K)]\}) + \sigma\sqrt{\dfrac{1}{1-\alpha^2} + l_l}\{h z_I + (b + h) \\ &\quad \times \{\phi(z_I) - z_I[1 - \phi(z_I)]\})\end{aligned}$$

令 $A = h_k z_K + h_s\{\phi(z_K) - z_K[1 - \phi(z_K)]\}$，$\theta_I = h z_I + (b + h)\{\phi(z_I) - z_I[1 - \phi(z_I)]\})$，则：

$$E[C_T^K(\alpha,K)] = (c^l + c^g)\mu + h_k\mu + A\sigma\sqrt{\dfrac{1-\alpha}{1+\alpha}} + \theta_I\sigma\sqrt{\dfrac{1}{1-\alpha^2} + l_l}$$

令 $E[C_T(K)] = h_k\mu + A\sigma\sqrt{\dfrac{1-\alpha}{1+\alpha}}$，则：

$$E[C_T(I_t)] = \theta_I\sigma\sqrt{\dfrac{1}{1-\alpha^2} + l_l}$$

定理 7.6 最优的平滑系数 α^* 满足 $\dfrac{[1-(\alpha^*)^2]\sqrt{1+[1-(\alpha^*)^2]l_l}}{\alpha^*(1+\alpha^*)} = \dfrac{\theta_l}{A}$。

证明： 以上 JIT 装配企业的平均期望花费成本 $E[C_T(\alpha)]$ 可以化简为：

$$E[C_T^K(\alpha)] = (c^l + c^g)\mu + h_k\mu + A\sigma\frac{\sqrt{1-\alpha}}{\sqrt{1+\alpha}} + \theta_l\sigma\frac{\sqrt{1+(1-\alpha^2)l_l}}{\sqrt{1-\alpha^2}}.$$

求函数 $E[C_T^K(\alpha)]$ 关于 α 的一阶导数为：

$$\frac{\partial E[C_T^K(\alpha)]}{\partial \alpha} = A\sigma \frac{-\dfrac{1}{2}\dfrac{\sqrt{1+\alpha}}{\sqrt{1-\alpha}} - \dfrac{\sqrt{1-\alpha}}{\sqrt{1+\alpha}}}{1+\alpha} +$$

$$\theta_l\sigma \frac{[l_l(1-\alpha^2)+1]^{-\frac{1}{2}}(-l_l\alpha)\sqrt{(1-\alpha^2)} + \alpha(1-\alpha^2)^{-\frac{1}{2}}\sqrt{l_l(1-\alpha^2)+1}}{1-\alpha^2}$$

$$= -A\sigma\frac{1}{(1+\alpha)\sqrt{1-\alpha^2}} +$$

$$\theta_l\sigma\frac{-l_l\alpha\sqrt{(1-\alpha^2)}[l_l(1-\alpha^2)+1]^{-\frac{1}{2}} + \alpha(1-\alpha^2)^{-\frac{1}{2}}\sqrt{l_l(1-\alpha^2)+1}}{1-\alpha^2}$$

$$= -A\sigma\frac{1}{(1+\alpha)\sqrt{1-\alpha^2}} + \theta_l\sigma\alpha\left[\frac{\sqrt{l_l(1-\alpha^2)+1}}{(1-\alpha^2)^{3/2}} - \frac{l_l}{\sqrt{1-\alpha^2}\sqrt{l_l(1-\alpha^2)+1}}\right]$$

$$= \frac{-A\sigma}{(1+\alpha)\sqrt{1-\alpha^2}} + \frac{\theta_l\sigma\alpha}{(1-\alpha^2)^{3/2}\sqrt{l_l(1-\alpha^2)+1}}$$

即：$\dfrac{\partial E[C_T^K(\alpha)]}{\partial \alpha} = \dfrac{-A\sigma}{(1+\alpha)\sqrt{(1-\alpha^2)}} + \dfrac{\theta_l\sigma\alpha}{(1-\alpha^2)^{\frac{3}{2}}\sqrt{1+(1-\alpha^2)l_l}}$

则 JIT 装配企业期望平均成本的二阶导数为：

$$\frac{\partial^2 E[C_T^K(\alpha)]}{\partial \alpha^2} = \frac{A\sigma\alpha\sqrt{1-\alpha^2}}{(1+\alpha)(1-\alpha^2)^{\frac{3}{2}}} +$$

$$\frac{\theta_l\sigma\left[\dfrac{3}{2}[1+(1-\alpha^2)l_l]^{\frac{3}{2}} + \alpha^2 l_l(1-\alpha^2)\right]}{(1-\alpha^2)^{\frac{3}{2}}[1+(1-\alpha^2)l_l]^{\frac{3}{2}}} > 0$$

因为二阶导数大于零，可知存在最优的平滑采购系数使得 JIT 装配企业平均期望成本最低，令 $\dfrac{\partial E[C_T^K(\alpha)]}{\partial \alpha} = 0$，得：

第7章 供应提前期不同条件下的 JIT 装配企业双源采购决策

$$\frac{A\sigma}{(1+\alpha)\sqrt{(1-\alpha^2)}} = \frac{\theta_l \sigma \alpha}{(1-\alpha^2)^{\frac{3}{2}}\sqrt{1+(1-\alpha^2)l_l}}$$

进一步可得:

$$\theta_l \alpha(1+\alpha) = A(1-\alpha^2)\sqrt{1+(1-\alpha^2)l_l}$$

则最优的平滑采购系数 α^* 满足关系式:

$$\frac{[1-(\alpha^*)^2]\sqrt{1+[1-(\alpha^*)^2]l_l}}{\alpha^*(1+\alpha^*)} = \frac{\theta_l}{A}$$

证毕。

可以根据以上最优平滑系数的表达式求解最优的平滑采购系数,然后解得 JIT 装配企业最少的期望平均成本。

7.4 算例分析与管理启示

以下分析中,假设市场需求满足正态分布,这样的假设也符合现实情况。在随机市场需求中,由于每个消费者都是相互独立的,因此为数众多的消费者集合一般认为满足正态分布(同济大学应用数学系,2003)。标准正态分布的分布函数和概率密度函数为: $\phi(x) = \int_{-\infty}^{x} \frac{1}{\sqrt{2\pi}} e^{-\frac{t^2}{2}} dt, x \in (-\infty, +\infty)$; $\phi(x) = f(x) = \frac{1}{\sqrt{2\pi}} e^{-\frac{x^2}{2}}, x \in (-\infty, +\infty)$。假设市场需求满足 $\mu=100$, $\sigma=50$ 的正态分布;JIT 装配企业支付给海外供应商的单位采购成本 $c^g=10$,JIT 装配企业支付给本地供应商的单位采购成本 $c^l=13$;海外供应商的提前期和本地供应商的提前期分别为: $l^g=7$; $l^l=3$,则 $\Delta l=4$;JIT 装配企业初始建设库存的单位成本 $h_k=1$,第三方物流公司替 JIT 装配企业保管物流需要的单位费用 $h_s=5$;JIT 装配企业没有使用完的零部件需要延期保管的单位保管费 $h=3$;JIT 装配企业生产不足造成的单位缺货损失 $b=5$。则根据以上的基本参数,代入各个最优值的表达式,可计算出相关最优值。

由 $\phi(z_l) = b/(b+h) = 5/(5+3) = 0.625$,查标准正态分布的表可知 $z_l = 0.32$, $\phi(0.32) = 0.1255$,代入等式 $\theta_l = C(\Gamma^r_t)/\sigma_l = hz_l + (b+h)\{\phi(z_l) - z_l[1-\phi(z_l)]\}$ 计算可得: $\theta_l = 1.004$。由 $\phi(z_K) = (h_s - h_k)/h_s = (5-1)/5 =$

0.8，查标准正态分布表可知：$z_K = 0.84$。采用 Matlab 程序，由最优的平滑系数表达式 $\dfrac{[1-(\alpha^*)^2]\sqrt{1+[1-(\alpha^*)^2]l_l}}{\alpha^*(1+\alpha^*)} = \dfrac{\theta_I}{A}$ 可计算出最优的平滑系数 $\alpha^* = 0.7643$。则 JIT 装配企业最优的初始存放空间为：$K^* = \mu + z_K\sqrt{\dfrac{1-\alpha}{1+\alpha}}\sigma = 115.35$。同时采用 Matlab 计算各最优值如表 7-1 所示。

表 7-1 各参数最优值

θ_I	I_s	z_I	$C_T^d(\alpha)$	$C_T^K(\alpha)$	A	K^*	α^*
1.004	21.68	0.32	1550.09	2543.26	1.4975	115.35	0.7029

由表 7-1 可知，在 JIT 装配企业初始存放空间存在限制的条件下，确实存在最优的平滑系数 α^*，且在相同的情况下，JIT 装配企业双源采购的平均期望成本更低，即 $C_T^d(\alpha) < C_T^l(\alpha)$，也确实存在最优的初始存放空间为 $K^* = 115.35$。

以下将平滑采购系数作为横坐标，将 JIT 装配企业在没有存放空间限制条件下，以本地采购和双源采购两种采购策略下的平均期望成本作为纵坐标，使用 Matlab 绘制可得图 7-1。

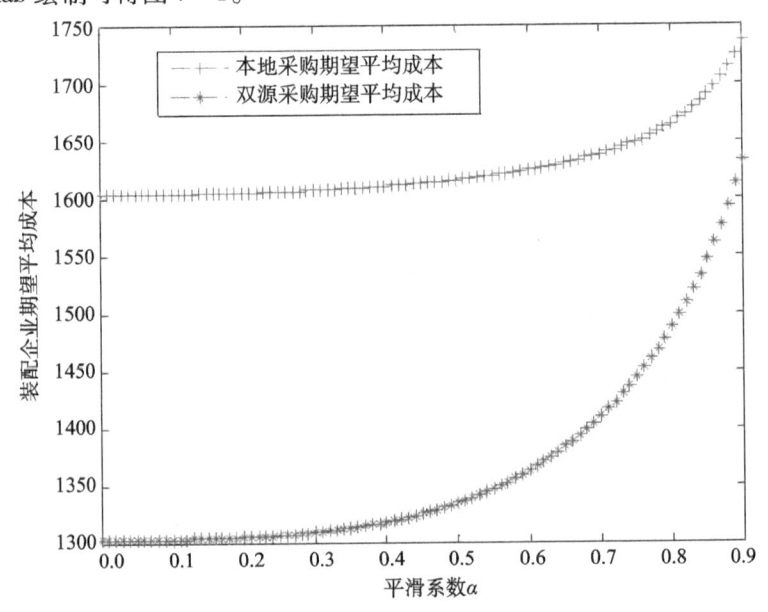

图 7-1 无存放空间限制时本地采购与双源采购成本随 α 变化图

由图 7-1 可知，无论平滑采购系数如何变化，JIT 装配企业采用双源采购策略下的期望平均成本总是比 JIT 装配企业只向本地供应商采购时的期望平均成本低。证明当 JIT 装配企业面临一个价格高但提前期短的本地供应商和一个价格低但提前期长的海外供应商时，JIT 装配企业采用平滑采购策略能够使 JIT 装配企业的期望平均成本最低。

将库存空间限制引起的成本 $E[C_T(K)]$ 与库存成本 $E[C_T(I_t)]$ 作为纵坐标，将采购平滑系数 α 作为横坐标，使用 Matlab 绘制可得图 7-2。

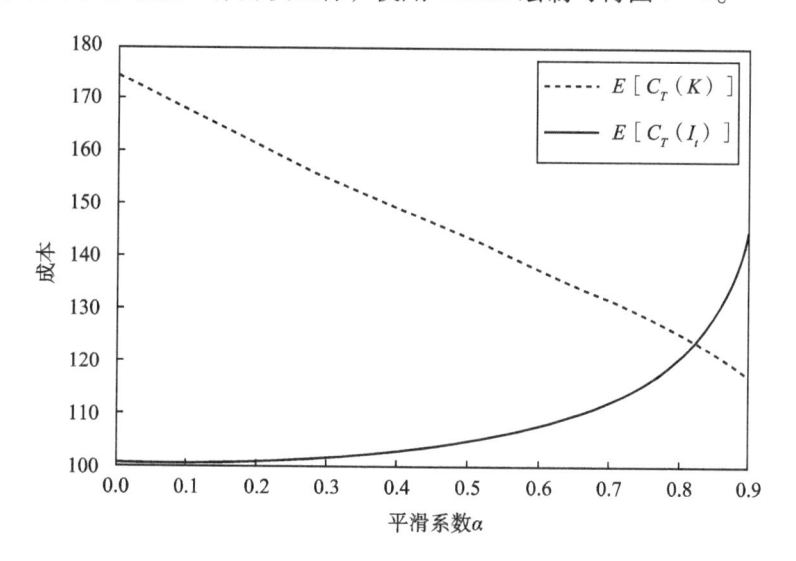

图 7-2 存放空间限制时存放成本与库存成本随平滑系数 α 变化图

从图 7-2 可知，库存空间限制引起的成本随着平滑系数的增加而增加，但是库存引起的成本随着平滑采购系数的增加而减少，因此必然存在一个最优的平滑采购系数 α 使得 JIT 装配企业双源采购期望平均库存成本最小。

在 JIT 装配企业存放空间存在限制的条件下，将平滑系数 α 作为横坐标，将 JIT 装配企业的期望平均采购成本作为纵坐标，可画出图 7-3。

从图 7-3 中可以看出，JIT 装配企业的期望平均成本随着平滑系数 α 先减少后增加，函数图像呈现凹形，可知存在最优的 α 取值使得 JIT 装配企业的期望平均成本最低，证明了以上的定理 7.6。

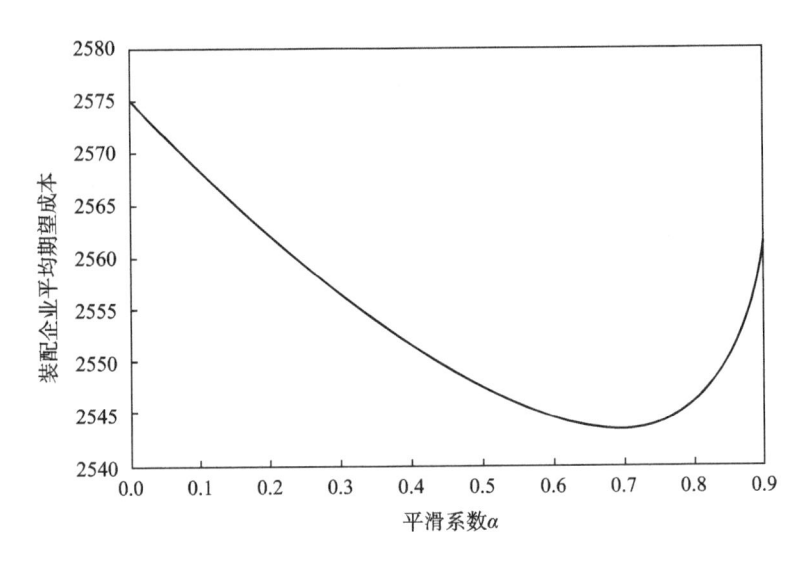

图 7-3 存放空间限制时 JIT 装配企业期望平均成本随 α 变化图

7.5 本章小结

平滑策略一直在很多文献中作为一种预测方法,且在计量经济学中,平滑策略也是一种很好的减少风险的方法。本章充分考虑到平滑策略在减少风险中的重要作用,将平滑策略应用到采购中,即 JIT 装配企业每次向供应商的订货量与上一期订货量和本期需求量有关。在这样的采购策略下,本章研究了一个面临正态分布市场需求的 JIT 装配企业同时向一个价格高但提前期短和一个价格低但提前期长的供应商采购零部件的双源采购模型,证明了 JIT 装配企业向两个供应商的订货量也满足正态分布,JIT 装配企业的库存也满足正态分布。然后在 JIT 装配企业存放空间限制的条件下,求解了 JIT 装配企业最优的平滑采购系数与最优的初始存放空间。

主要的结论有:①在市场需求满足正态分布的情况下,无论 JIT 装配企业只向本地供应商采购还是双源采购,JIT 装配企业采用平滑采购策略时,向每个供应商的订货量均满足正态分布。②在 JIT 装配企业不存在存放空间限制的条件下,无论 JIT 装配企业只向本地供应商采购还是双源采购,JIT 装配企业的库存均满足正态分布,且因库存引起的费用相等。③在 JIT 装配企业不存在存放空间限制的条件下，JIT 装配企业采用双源采购的平均期望成本始终比 JIT 装配企业仅向本地供应商采购的平均期望成本低，即 JIT 装配企业在平滑采购策略情况下，双源采购是最优的。④当 JIT 装配企业存放空间有限，而将存放不下的零部件交给第三方物流管理的情况下，存在最优的初始存放空间，且 JIT 装配企业存在最优的平滑采购系数使得 JIT 装配企业平均期望采购成本最低。

第8章 总结与展望

8.1 研究结论

本书首先总结分析了相关的文献,主要包括供应不可靠、JIT采购与生产、装配企业采购、双源采购等相关文献。然后在市场需求与供应随机的情况下,考虑各种不可靠供应条件下的双源采购问题,求解了JIT装配企业与供应商的最优决策,以及各种影响因素变化对JIT装配企业和供应商最优决策与最优利润的影响。考虑的不可靠供应条件主要包括:供应中断、海外供应商价格可变、供应质量不统一、供应商规模扩张柔性不同、供应商提前期不同。本书主要的研究结论有:

(1) 双源采购已经在很多的企业得到广泛的应用,同时供应的不确定性与供应中断也是一直存在的供应风险,但原有的文献总是将供应商产出不确定性与供应中断作为同一种不确定性考虑。但产出不确定性是供应商的内部不确定性,可以改善;供应中断是外部不可靠性,不可改变,本书第三章将两种不确定性分开考虑,主要对一个JIT装配企业同时向两个存在产出不确定性和供应中断可能性的供应商采购零部件的双源采购问题进行了研究,建立了以JIT装配企业为领导者,两个供应商为跟随者的博弈模型,求解了只考虑供应商随机产出与同时考虑供应商随机产出情况下的JIT装配企业与供应商的最优决策。分析了供应商产出不确定性对最优决策与最优利润的影响,也考虑了供应中断可能性大小与零部件的残值对最优决策与最优利润的影响。研究获得的主要结论有:其一,JIT装配企业应该利用自身的技术与管理经验对两个供应商进行产出随机的改善,然后保留随机产出获得改善的供应商,淘汰产出随机没有获得改善的供应商,再引入新的供应商,这样的运营策略可以帮助JIT装配企业获得更高的利润。其二,JIT装配企业采用双源采购只是暂时的策略,当两个供应商的产出不确定性获得极大改善时,又会采用单源采购的策略。其三,JIT装配企业应该将两个供应商的供应中断风险作为一个重要的参考指标,在选择供应商时重点地考察。其四,零部件二手市场的完善程度对供应商和JIT装配企业都有好处,因此应该建立完善的零部件二手市场。

(2) JIT装配企业在双源采购的过程中,难免会存在向国际供应商采购原材料的情况,但是国际供应商的零部件价格受到国际市场多方面因素的影响,变化往往很大,JIT装配企业如果对海外供应商仍然采取初始谈判的固定价格策略,对双方来说可能都面临很大的海外市场价格变化风险,但原有对双源采购的相关研究中均假设采购价格固定。基于此,本书第四章对JIT装配企业对海外供应商采取可变价格策略下的双源采购问题进行了相关研究,证明了JIT装配企业对海外供应商采取此可变价格策略可以降低零部件海外市场价格变化风险,同时在此可变价格策略下,JIT装配企业与两个供应商均存在最优决策。然后还分析了可变价格策略中的风险分担因子和JIT装配企业给海外供应商的初始采购价格对最优决策的影响。研究获得的主要结论有:其一,JIT装配企业应该对海外供应商采取可变价格策略,因为可变价格策略可以降低海外价格市场变化的风险。其二,可变价格策略中风险分担因子对最优决策的影响,取决于JIT装配企业给海外供应商的初始价格与海外市场价格均值之间的相对大小。其三,JIT装配企业对海外供应商初始谈判价格对最优订货量的影响是反向的,也就是说JIT装配企业给海外供应商的初始采购价格越高,JIT装配企业就越应该少订货,初始采购价格越低,JIT装配企业就越应该多订货。

(3) 双源采购降低了JIT装配企业缺货的可能性,但同时也带来新的问题,即两个供应商质量不统一的问题。原有双源采购的相关研究很少考虑两个供应商质量不同的情况,基于JIT生产不断改善的思想,本书在第五章中提出了JIT装配企业对两个供应商中缺陷率高的供应商进行缺陷改善投资的双源采购模型,研究了JIT装配企业先进行质量改善投资再订货,和质量改善与订货同时进行两种模式下的双源采购问题,求解了在两种情况下JIT装配企业与两个供应商的最优决策,然后采用算例分析了两个供应商质量水平和缺陷改善投资成功率对最优决策的影响。研究获得的主要结论有:其一,JIT装配企业的最优策略是先对缺陷率高的供应商进行缺陷改善投资，再向两个供应商订货。其二，JIT 装配企业对缺陷率高供应商进行缺陷改善投资成功时，高质量供应商的质量水平越高，JIT 装配企业应该向两个供应商订货越多。

（4）以往双源采购的研究都假设供应商存在一定的规模限制，但在现实中，供应商可以付出代价获得更大的生产规模，即供应商规模可以扩张。供应商建设初始生产规模的单位成本与扩张生产规模的单位成本的比值被称为规模扩张柔性。本书第六章中研究了一个 JIT 装配企业向两个存在不同规模扩张柔性的供应商采购零部件的双源采购问题，证明了供应商最优初始生产规模与规模扩张柔性之间的关系，求解了此时 JIT 装配企业与两个供应商的最优决策。研究获得的主要结论有：其一，供应商最优的初始生产规模与供应商的规模扩张柔性和生产量超过初始生产规模的概率有关。其二，考虑供应商规模扩张柔性的情况下，JIT 装配企业与两个供应商均存在最优的决策。

（5）以往对双源采购的研究中，很多的研究侧重于供应商提前期随机的情况，很少研究两个供应商提前期不同情况下的双源采购问题。但在现实中，如果将时间离散化，两个供应商仅是提前期存在不同。同时以往对库存的研究中，假设每次订购的零部件总是一样多，这样的订购策略很难应对快速变化的市场需求。充分考虑到平滑策略在降低风险上的重要作用，本书第七章研究了一个 JIT 装配企业采用平滑采购策略向两个供应商采购原材料的双源采购问题，在市场需求满足正态分布的情况下，研究了 JIT 装配企业库存与 JIT 装配企业向两个供应商订货量满足的特殊条件，证明了此时 JIT 装配企业双源采购才是最优的，然后考虑到现实中 JIT 装配企业的初始存放空间总是存在限制的条件，研究了 JIT 装配企业最优的初始存放空间与装配企业最优的平滑采购系数。研究获得的主要结论有：其一，在市场需求满足正态分布的情况下，对两个供应商采用平滑采购策略的 JIT 装配企业的库存与向两个供应商的订购量均满足正态分布，且采用双源采购策略最优。其二，JIT 装配企业存在初始存放空间限制的条件下，可以获得 JIT 装配企业最优的初始存放空间和其最优的平滑采购系数。

8.2 研究展望

本书在供应与需求均随机的条件下，考虑供应商各种不可靠供应条件下，

JIT装配企业与两个供应商的最优决策与相关影响因素对最优决策与最优利润的影响，尽管得到了一些有意义的结论，但还有很多方面值得进一步地深入研究。

（1）将行为学相关理论研究加入JIT装配企业和供应商的决策过程中，JIT装配企业和供应商是行为个体，他们的决策依据不完全按照正常的数量经济模型求解所得，还与他们个人的行为模式与心理因素有关，因此在考虑JIT装配企业与供应商之间的最优决策的过程中，也应该将行为因素引入模型中，使得模型的研究更加切合现实情况，如研究JIT装配企业和供应商具有风险偏好下的双源采购最优决策模型。

（2）研究JIT装配企业对供应商进行随机产出改善时的最优决策，即探究JIT装配企业对供应商最优的随机改善决策是怎样的。JIT装配企业对供应商进行生产不确定性改善的方法有很多种，未来可研究JIT装配企业对供应商最优的改善生产不确定性的方法，为JIT装配企业改善供应商的不确定性提供有利的参考。

（3）未来的研究，也可以考虑当JIT装配企业缺陷改善投资的力度与最后改善后的产品质量存在一定关系时，研究JIT装配企业最优的改善投资力度，即研究JIT装配企业如何决策自身对质量存在缺陷的供应商最优的改善投资。

（4）对于JIT装配企业对供应商采用的平滑采购策略，本书的研究仅限于需求满足正态分布的情况，尽管很多产品的市场需求均满足正态分布，但市场需求还有满足其他分布的情况，未来的研究可考虑市场需求满足其他分布情况下的平滑采购策略，研究在其他市场需求分布条件下，JIT装配企业采用平滑采购策略下的最优双源采购问题。

参考文献

[1] Alles M, Amershi A, Datar S, et al. Information and incentive effects of inventory in JIT production [J]. Management science, 2000, 46 (12): 1528-1544.

[2] Allon G, Van Mieghem J A. Global dual sourcing: tailored base – surge allocation to near – and offshore production [J]. Management Science, 2010, 56 (1): 110-124.

[3] Anupindi R, Akella R. Diversification under supply uncertainty [J]. Management Science, 1993, 39 (8): 944-963.

[4] Arıkan E, Jammernegg W. The single period inventory model under dual sourcing and product carbon footprint constraint [J]. International Journal of Production Economics, 2014 (157): 15-23.

[5] Arnold J, Minner S, Eidam B. Raw material procurement with fluctuating prices [J]. International Journal of Production Economics, 2009, 121 (2): 353-364.

[6] Babich V, Burnetas A N, Ritchken P H. Competition and diversification effects in supply chains with supplier default risk [J]. Manufacturing & Service Operations Management, 2007, 9 (2): 123-146.

[7] Babich V. Independence of capacity ordering and financial subsidies to risky suppliers [J]. Manufacturing & Service Operations Management, 2010, 12 (4): 583 607.

[8] Bakal I S, Akcali E. Effects of random yield in remanufacturing with price – sensitive supply and demand [J]. Production and Operations Management, 2006, 15 (3): 407-420.

[9] Ballou R H. Business logistics management [M]. 3 edition. Prentice – Hall, englewood cliffs, NJ, 1922: 528.

[10] Banerjee A, Kim S L. An integrated JIT inventory model [J]. International Journal of Operations & Production Management, 1995, 15 (9): 237-244.

[11] Baruah P, Chinnam R B, Korostelev A. Optimal soft – order revisions under demand and

supply uncertainty and upstream information [J]. International Journal of Production Economics, 2016, forthcoming.

[12] Ben-Daya M, Raouf A. Inventory models involving lead time as a decision variable [J]. Journal of the Operational Research Society, 1994, 45 (5): 579-582.

[13] Berger P D, Gerstenfeld A, Zeng A Z. How many suppliers are best? a decision-analysis approach [J]. Omega, 2004, 32 (1): 9-15.

[14] Bollapragada R, Kuppusamy S, Rao U S. Component procurement and end product assembly in an uncertain supply and demand environment [J]. International Journal of Production Research, 2015, 53 (3): 969-982.

[15] Burke G J, Carrillo J E, Vakharia A J. Single versus multiple supplier sourcing strategies [J]. European Journal of Operational Research, 2007, 182 (1): 95-112.

[16] Cachon Gérard P. Supply chain coordination with contracts [J]. Operations Research and Management Science Elsevier, 2003: 227-339.

[17] Cannella S, Ciancimino E. On the bullwhip avoidance phase: supply chain collaboration and order smoothing [J]. International Journal of Production Research, 2010, 48 (22): 6739-6776.

[18] Chauhan S S, Dolgui A, Proth J M. A continuous model for supply planning of assembly systems with stochastic component procurement times [J]. International Journal of Production Economics, 2009, 120 (2): 411-417.

[19] Chen P, Feryal E, Erik F H. Capacity planning in the semiconductor industry: dual-mode procurement with options [J]. Manufacturing & Service Operations Management, 2012, 14 (2): 170-185.

[20] Chen Z, Sarker B R. Optimisation of multi-stage JIT production-pricing decision: centralised and decentralised models and algorithms [J]. International Journal of Production Research, 2015, 53 (20): 6210-6230.

[21] Cheng H K, Li J, Bao Z N. Strategic analysis of dual sourcing under yield uncertainty in a co-opetitive supply chain [J]. Available at SSRN 2627204, 2015.

[22] Cheong T, Song S H. The value of information on supply risk under random yields [J]. Transportation Research Part E: Logistics and Transportation Review, 2013, 60 (0): 27-38.

[23] Chiu H N, Huang H L. A multi-echelon integrated JIT inventory model using the time buffer and emergency borrowing policies to deal with random delivery lead times [J]. International Journal of Production Research, 2003, 41 (13): 2911-2931.

[24] Choi T Y, Wu Z. Supplier - supplier relationships in the buyer - supplier triad: building theories from eight case studies [J]. Journal of Operations management, 2005, 24 (1): 27 -52.

[25] Christopher M, Mena C, Khan O, et al. Approaches to managing global sourcing risk [J]. Supply Chain Management: An International Journal, 2011, 16 (2): 67 -81.

[26] Cohen S, Geissbauer R, Bhandari A. Global supply chain trends 2008 -2010: driving global supply chain flexibility through innovation [J]. Sixth Annual Survey by PRTM Management Consultants, 2008, 12 (3): 92 -107.

[27] Cotteleer M J, Bendoly E. Order lead - time improvement following enterprise information technology implementation: an empirical study [J]. MIS quarterly, 2006, 30 (3): 643 -660.

[28] Csermely T, Minner S. Behavioral decisions in inventory systems with dual sourcing option: an experiment [J]. Available at SSRN 2573565, 2015.

[29] D'Avino M, De Simone V, Schiraldi M M. Revised MRP for reducing inventory level and smoothing order releases: a case in manufacturing industry [J]. Production Planning & Control, 2014, 25 (10): 814 -820.

[30] Dallari F, Colicchia C, Melacini M. Increasing supply chain resilience in a global sourcing context [J]. Production Planning & Control, 2010, 21 (7): 680 -694.

[31] De Haan J, Yamamoto M. Zero inventory management: facts or fiction? Lessons from Japan [J]. International Journal of Production Economics, 1999, 59 (1): 65 -75.

[32] Deo S, Corbett C J. Cournot competition under yield uncertainty: the case of the US influenza vaccine market [J]. Manufacturing & Service Operations Management, 2009, 11 (4): 563 -576.

[33] Dey J K, Mondal S K, Maiti M. Two storage inventory problem with dynamic demand and interval valued lead - time over finite time horizon under inflation and time - value of mone [J]. European Journal of Operational Research, 2008, 185 (1): 170 -194.

[34] Dinsdale E J, Bennett D. Benefits, drawbacks and boundaries to deliver JIT: re - thinking the UK automotive industry operations supply strategy [J]. Benchmarking: An International Journal, 2015, 22 (6): 1081 -1095.

[35] Dong Y, Carter C R, Dresner M E. JIT purchasing and performance: an exploratory analysis of buyer and supplier perspectives [J]. Journal of Operations Management, 2001, 19 (4): 471 -483.

[36] Dornier P P, Ernst R, Fender M, et al. Global operations and logistics: text and cases

[M]. India: Wiley, 2008.

[37] Explosion at evonik factory may have serious knock-on effect for global car production [J]. Automotive Industries, 2012, 192 (4): 1.

[38] Fabian J S, Arnd H. Ensuring responsive capacity: how to contract with backup suppliers [J]. European Journal of Operational Research, 2010, 207 (2): 725-735.

[39] Fang X, Wang Y. Component procurement strategies in decentralized assemble-to-order systems with time-dependent pricing [J]. Management Science, 2008, 54 (12): 1997-2011.

[40] Fang Y, Shou B. Managing supply uncertainty under supply chain cournot competition [J]. European Journal of Operational Research, 2015, 243 (1): 156-176.

[41] Federgruen A, Yang N. Optimal supply diversification under ceneral supply risks [J]. Operations Research, 2009, 57 (6): 1451-1468.

[42] Fong D K H, Gempesaw V M, Ord J K. Analysis of a dual sourcing inventory model with normal unit demand and Erlang mixture lead times [J]. European Journal of Operational Research, 2000, 120 (1): 97-107.

[43] Fu K, Hsu V N, Lee C Y. Inventory and production decisions for an assemble-to-order system with uncertain demand and limited assembly capacity [J]. Operations Research, 2006, 54 (6): 1137-1150.

[44] Fujimoto T, Park Y W. Balancing supply chain competitiveness and robustness through "virtual dual sourcing": lessons from the great east Japan earthquake [J]. International Journal of Production Economics, 2014 (147): 429-436.

[45] Fuller T. Thailand flooding cripples hard-drive supplier [DB/OL]. [2011-11-6/2016-8-12]. http://www.cnbc.com/id/45185386/.

[46] George K, Ramaswamy S, Rassey L. Next-shoring: A CEO's guide [J]. McKinsey Quarterly, 2014 (1): 26-39.

[47] Gerchak Y, Vickson R G, Parlar M. Periodic review production models with variable yield and uncertain demand [J]. IIE transactions, 1988, 20 (2): 144-150.

[48] Gerchak Y, Wang Y, Yano C A. Lot sizing in assembly systems with random component yields [J]. IIE transactions, 1994, 26 (2): 19-24.

[49] Gerchak Y. Order point/order quantity models with random yield [J]. International Journal of Production Economics, 1992, 26 (1): 297-298.

[50] Giri B C. Managing inventory with two suppliers under yield uncertainty and risk aversion

[J]. International Journal of Production Economics, 2011, 133 (1): 80 – 85.

[51] Glock C H, Ries J M. Reducing lead time risk through multiple sourcing: the case of stochastic demand and variable lead time [J]. International Journal of Production Research, 2013, 51 (1): 43 – 56.

[52] Glock C H, Ries J M. Single sourcing versus dual sourcing under conditions of learning [J]. Computers & Industrial Engineering, 2012, 62 (1): 318 – 328.

[53] Glock C H. A comparison of alternative delivery structures in a dual sourcing environment [J]. International Journal of Production Research, 2012, 50 (11): 3095 – 3114.

[54] Gong X, Chao X, Zheng S. Dynamic pricing and inventory management with dual suppliers of different lead times and disruption risks [J]. Production and Operations Management, 2014, 23 (12): 2058 – 2074.

[55] Grasman S E, Sari Z S T. Newsvendor solutions with general random yield distributions [J]. RAIRO – Operations Research, 2007, 41 (4): 455 – 464.

[56] Güler M G, Bilgiç T. On coordinating an assembly system under random yield and random demand [J]. European Journal of Operational Research, 2009, 196 (1): 342 – 350.

[57] Gupta D, Cooper W L. Stochastic comparisons in production yield management [J]. Operations Research, 2005, 53 (2): 377 – 384.

[58] Gurnani H, Gerchak Y. Coordination in decentralized assembly systems with uncertain component yields [J]. European Journal of Operational Research, 2007, 176 (3): 1559 – 1576.

[59] Hahn C K, Pinto P A, Bragg D J. Just – in – time production and purchasing [J]. Journal of Purchasing and Materials Management, 1983, 19 (3): 2 – 10.

[60] Handfield R B. US global sourcing: patterns of development [J]. International Journal of Operations & Production Management, 1994, 14 (6): 40 – 51.

[61] Hatch N W, Mowery D C. Process innovation and learning by doing in semiconductor manufacturing [J]. Management Science, 1998, 44 (11 – part – 1): 1461 – 1477.

[62] Hazra J, Mahadevan B. Impact of supply base heterogeneity in electronic markets [J]. European Journal of Operational Research, 2006, 174 (3): 1580 – 1594.

[63] He Y, Zhang J. Random yield supply chain with a yield dependent secondary market [J]. European Journal of Operational Research, 2010, 206 (1): 221 – 230.

[64] He Y, Zhang J. Random yield risk sharing in a two – level supply chain [J]. International Journal of Production Economics, 2008, 112 (2): 769 – 781.

[65] Hendricks K B, Singhal V R, Zhang R. The effect of operational slack, diversification,

and vertical relatedness on the stock market reaction to supply chain disruptions [J]. Journal of Operations Management, 2009, 27 (3): 233-246.

[66] Henig M, Gerchak Y. The structure of periodic review policies in the presence of random yield [J]. Operations Research, 1990, 38 (4): 634-643.

[67] Henig M, Gerchak Y. Yield randomness: Concepts and properties [C]. 1994: 133-138.

[68] Hong J D, Hayya J C. Just-in-time purchasing: single or multiple sourcing? [J]. International Journal of Production Economics, 1992, 27 (2): 175-181.

[69] Hsu V N, Lee C Y, So K C. Optimal component stocking policy for assemble-to-order systems with lead-time-dependent component and product pricing [J]. Management Science, 2006, 52 (3): 337-351.

[70] Hua Z, Yu Y, Zhang W, et al. Structural properties of the optimal policy for dual-sourcing systems with general lead times [J]. IIE Transactions, 2015, 47 (8): 841-850.

[71] Huang H, Xu H. Dual sourcing and backup production: coexistence versus exclusivity [J]. Omega, 2015 (57): 22-33.

[72] Huang J, Li C, Yu J. Resource prediction based on double exponential smoothing in cloud computing [J]. 2012 2nd International Conference on IEEE, 2012: 2056-2060.

[73] Huh W T, Nagarajan M. Technical note-linear inflation rules for the random yield problem: analysis and computations [J]. Operations Research, 2010, 58 (1): 244-251.

[74] Hyndman R J, Koehler A B, Snyder R D, et al. A state space framework for automatic forecasting using exponential smoothing methods [J]. International Journal of Forecasting, 2002, 18 (3): 439-454.

[75] Iakovou E, Vlachos D, Xanthopoulos A. A stochastic inventory management model for a dual sourcing supply chain with disruptions [J]. International Journal of Systems Science, 2010, 41 (3): 315-324.

[76] Inderfurth K, Kelle P, Kleber R. Dual sourcing using capacity reservation and spot market: optimal procurement policy and heuristic parameter determination [J]. European Journal of Operational Research, 2013, 225 (2): 298-309.

[77] Inderfurth K, Kiesmüller G P. Exact and heuristic linear-inflation policies for an inventory model with random yield and arbitrary lead times [J]. European Journal of Operational Research, 2015, 245 (1): 109-120.

[78] Janakiraman G, Seshadri S, Sheopuri A. Analysis of tailored base-surge policies in dual sourcing inventory systems [J]. Management Science, 2014, 61 (7): 1547-1561.

[79] Jindal P, Solanki A. Integrated supply chain inventory model with quality improvement involving controllable lead time and backorder price discount [J]. International Journal of Industrial Engineering Computations, 2016, 7 (3): 463-480.

[80] Johnson M E. Dual Sourcing Strategies [M]. Springer US, Building Supply Chain Excellence in Emerging Economies, 2007.

[81] Jones P C, Lowe T J, Traub R D, et al. Matching supply and demand: the value of a second chance in producing hybrid seed corn [J]. Manufacturing & Service Operations Management, 2001, 3 (2): 122-137.

[82] Ju W, Gabor A F, Van Ommeren J C W. An approximate policy for a dual-sourcing inventory model with positive lead times and binomial yield [J]. European Journal of Operational Research, 2015, 244 (2): 490-497.

[83] Käki A, Liesiö J, Salo A. Newsvendor decisions under supply uncertainty [J]. International Journal of Production Research, 2015, 53 (5): 1544-1560.

[84] Karagözoǧlu E, Riedl A. Performance information, production uncertainty, and subjective entitlements in bargaining [J]. Management Science, 2014, 61 (11): 2611-2626.

[85] Kazaz B. Production planning under yield and demand uncertainty with yield-dependent cost and price [J]. Manufacturing & Service Operations Management, 2004, 6 (3): 209-224.

[86] Kelle P, Transchel S, Minner S. Buyer-supplier cooperation and negotiation support with random yield consideration [J]. International Journal of Production Economics, 2009, 118 (1): 152-159.

[87] Khouja M. The single-period (news-vendor) problem: literature review and suggestions for future research [J]. Omega, 1999, 27 (5): 537-553.

[88] Kim M Y. Global supply chain rattled by Japan quake [DB/OL]. [2011-3-14/ 2016-8-30]. http://mg.co.za/article/2011-03-14-global-supply-chain-rattled-by-japan-quake.

[89] Klosterhalfen S T, Minner S, Willems S P. Strategic safety stock placement in supply networks with static dual supply [J]. Manufacturing & Service Operations Management, 2014, 16 (2): 204-219.

[90] Kojima M, Nakashima K, Ohno K. Performance evaluation of SCM in JIT environment [J]. International Journal of Production Economics, 2008, 115 (2): 439-443.

[91] Kouvelis P, Tang S Y. Supplier diversification strategies in the presence of yield uncertainty

and buyer competition [J]. Manufacturing & Service Operations Management, 2011, 13 (4): 439-451.

[92] Krause D R, Handfield R B, Scannell T V, et al. Avoid the pitfalls in supplier development [J]. Supply Chains and Total Product Systems: A Reader, 2006, 58 (4): 37-49.

[93] Kristianto Y, Helo P. Strategic thinking in supply and innovation in dual sourcing procurement [J]. International Journal of Applied Management Science, 2009, 1 (4): 401-419.

[94] Kulkarni S S. The impact of uncertain yield on capacity acquisition in process plant networks [J]. Mathematical and Computer Modelling, 2006, 43 (7): 704-717.

[95] Latour A. Trial by fire: A blaze in Albuquerque sets off major crisis for cell-phone giants [J]. Wall Street Journal, 2001, 1 (29): 2001.

[96] Latour I A, Trial by Fire: A Blaze in albuquerque sets off major crisis for cell Phone giants [J]. Wall Street Journal, 2001.

[97] Lau H S, Zhao L G. Dual sourcing cost-optimization with unrestricted lead-time distributions and order-split proportions [J]. IIE transactions, 1994, 26 (5): 66-75.

[98] Ledari A M, Pasandideh S H R, Koupaei M N. A new newsvendor policy model for dual-sourcing supply chains by considering disruption risk and special order [J]. Journal of Intelligent Manufacturing, 2015: 1-8.

[99] Lee H, Lodree E J. Modeling customer impatience in a newsboy problem with time-sensitive shortages [J]. European Journal of Operational Research, 2010, 205 (3): 595-603.

[100] Leenders M R, Fearon H E. Purchasing and Supply Management [M]. Chicago: Irwin, 1998.

[101] Leng M M, Parlar M. Game-theoretic analyses of decentralized assembly supply chains: non-cooperative equilibria vs. coordination with cost-sharing contracts [J]. European Journal of Operational Research, 2010, 204 (1): 96-104.

[102] Levi D S, Kaminsky P, Levi E S. Designing and managing the supply chain: concepts, strategies, and case studies [M]. McGraw-Hill, 2003.

[103] Li C, Debo L G. Second sourcing vs. sole sourcing with capacity investment and asymmetric information [J]. Manufacturing & Service Operations Management, 2009, 11 (3): 448-470.

[104] Li Q W, Savachkin A. Reliable distribution networks design with nonlinear fortification function [J]. International Journal of Systems Science, 2016, 47 (4): 805-813.

[105] Li X, Li Y, Cai X. A note on the random yield from the perspective of the supply chain

[J]. Omega, 2012, 40 (5): 601 – 610.

[106] Liao C J, Shyu C H. An analytical determination of lead time with normal demand [J]. Journal of Operations & Production Management, 1991, 11 (9): 72 – 78.

[107] Liker J K, Choi T Y. Building deep supplier relationships [J]. Harvard Business Review, 2004, 82 (12): 104 – 113.

[108] Lin Y T, Parlaktürk A. Quick response under competition [J]. Production and Operations Management, 2012, 21 (3): 518 – 533.

[109] Lou Y I, Wang H C, Chen J C, et al. Merging Just – in – Time (JIT) inventory management with Electronic Data Interchange (EDI) impacts on the Taiwan electronic industry [J]. Open Journal of Accounting, 2015, 4 (3): 23.

[110] Lu M, Huang S, Shen Z J M. Product substitution and dual sourcing under random supply failures [J]. Transportation Research Part B: Methodological, 2011, 45 (8): 1251 – 1265.

[111] Lyon T P. Does dual sourcing lower procurement costs? [J]. The Journal of Industrial Economics, 2006, 54 (2): 223 – 252.

[112] Mazanai M. Impact of Just – In – Time (JIT) inventory system on efficiency, quality and flexibility among manufacturing sector, small and medium enterprise (SMEs) in South Africa [J]. African Journal of Business Management, 2012, 6 (17): 5786.

[113] Milliken F J. Three types of perceived uncertainty about the environment: state, effect, and response uncertainty [J]. Academy of Management Review, 1987, 12 (1): 133 – 143.

[114] Milne R. Crisis and climate force supply chain shift [J]. Financial Times, 2009.

[115] Min W, Li S P. Re – modelling EOQ and JIT purchasing for performance enhancement in the ready mixed concrete industries of Chongqing, China and Singapore [J]. International Journal of Productivity and Performance Management, 2005, 54 (4): 256 – 277.

[116] Minahan T. Global sourcing: what you need to know to make it work [DB/OL]. [2003 – 8 – 11/ 2016 – 8 – 15]. http://searchcio.techtarget.com/news/918624/Global – sourcing – What – you – need – to – know – to – make – it – work.

[117] Minner S, Silbermayr L. A multiple sourcing inventory model under disruption risk [J]. International Journal of Production Economics, 2014, 149 (2): 37 – 46.

[118] Mohebbi E, Choobineh F. The impact of component commonality in an assemble – to – order environment under supply and demand uncertainty [J]. Omega, 2005, 33 (6):

472 – 482.

[119] Moinzadeh K, Schmidt C P. An (S – 1, S) inventory system with emergency orders [J]. Operations Research, 1991, 39 (2): 308 – 321.

[120] Mukherjee K. An integrated approach of sustainable procurement and procurement postponement for the multi – product, assemble – to – order (ATO) production system [J]. Production, 2016, 26 (2): 249 – 260.

[121] Nahmias S, Olsen T L. Production and Operations Analysis [M]. Waveland Press, 2015.

[122] Nellore R, Chanaron J J, Söderquist K E. Lean supply and price – based global sourcing—the interconnection [J]. European Journal of Purchasing & Supply Management, 2001, 7 (2): 101 – 110.

[123] Oberlaender M. Dual sourcing of a newsvendor with exponential utility of profit [J]. International Journal of Production Economics, 2011, 133 (1): 370 – 376.

[124] Ouyang L Y, Yeh N C, Wu K S. Mixture inventory model with backorders and lost sales for variable lead time [J]. Journal of the Operational Research Society, 1996, 47 (6): 829 – 832.

[125] Pan W, So K C. Component procurement strategies in decentralized assembly systems under supply uncertainty [J]. IIE Transactions, 2016, 48 (3): 267 – 282.

[126] Pearson H. US lacks back – up for flu vaccine shortfall [J]. Nature, 2004, 431 (7010).

[127] Peng C, Erhun F, Hertzler E F, et al. Capacity planning in the semiconductor industry: dual – mode procurement with options [J]. Manufacturing & Service Operations Management, 2012, 14 (2): 170 – 185.

[128] Porter M. Competitive Advantage [M]. The free press, 1985.

[129] Prater E, Biehl M, Smith M A. International supply chain agility – tradeoffs between flexibility and uncertainty [J]. International Journal of Operations & Production Management, 2001, 21 (5/6): 823 – 839 (17).

[130] Pun H, Begen M A, Yan X. Supply and demand uncertainty reduction efforts and cost comparison [J]. International Journal of Production Economics, 2016 (180): 125 – 134.

[131] Ramasesh R V, Ord J K, Hayya J C, et al. Sole versus dual sourcing in stochastic lead – time (S, Q) inventory models [J]. Management Science, 1991, 37 (4): 428 – 443.

[132] Ramasesh R V. Procurement under uncertain supply lead times: a dual – sourcing technique could save costs [J]. Engineering Costs and Production Economics, 1991, 21 (1): 59 – 68.

[133] Rao U, Scheller - Wolf A, Tayur S. Development of a rapid - response supply chain at Caterpillar [J]. Operations Research, 2000, 48 (2): 189 - 204.

[134] Ray P, Jenamani M. Sourcing decision under disruption risk with supply and demand uncertainty: a newsvendor approach [J]. Annals of Operations Research, 2016, 237 (1): 237 - 262.

[135] Reiner G, Jammernegg W, Gold S. Raw material procurement with fluctuating prices using speculative inventory under consideration of different contract types and transport modes [J]. International Journal of Production Research, 2014, 52 (22): 6557 - 6575.

[136] Rosič H, Jammernegg W. The economic and environmental performance of dual sourcing: a newsvendor approach [J]. International Journal of Production Economics, 2013, 143 (1): 109 - 119.

[137] Sawik T. Joint supplier selection and scheduling of customer orders under disruption risks: Single vs. dual sourcing [J]. Omega, 2014, 43 (43): 83 - 95.

[138] Scheller - Wolf A, Veeraraghavan S, Van Houtum G J. Effective dual sourcing with a single index policy [C]. Working paper, Carnegie Mellon University, Pittsburgh, PA, 2007.

[139] Schmitt A J, Snyder L V. Infinite - horizon models for inventory control under yield uncertainty and disruptions [J]. Computers & Operations Research, 2012, 39 (4): 850 - 862.

[140] Schonberger R J, Ansari A. Just - in - time purchasing can improve quality [J]. Journal of Purchasing and Materials Management, 1984, 20 (1): 2 - 7.

[141] Schrader C. Speeding build and buy processes across a collaborative manufacturing network [J]. ASCET, 2001, 3 (3): 82 - 88.

[142] Serel D A. Production and pricing policies in dual sourcing supply chains [J]. Transportation Research Part E: Logistics and Transportation Review, 2015, 76 (1 - 12).

[143] Shaw K, Shankar R, Yadav S S. Carbon constrained dual sourcing supplier selection problem: a Benders decomposition approach [J]. International Journal of Logistics Systems and Management, 2016, 23 (3): 363 - 393.

[144] Sheffi Y, Rice J B, Caniato F. Supply chain response to terrorism: creating resilient and secure supply chains [C]. Report of Supply Chain Response to Terrorism Project, MIT Center for Transportation and Logistics, 2003.

[145] Sheffi Y. The resilient enterprise: overcoming vulnerability for competitive advantage [J].

Mit Press Books, 2013, 1 (1): 41 -48.

[146] Sherefkin R. Ford's recall challenge [J]. Automotive News, 2002, 62 (5985): 8 -9.

[147] Shin H, Benton W C, Jun M. Quantifying suppliers' product quality and delivery performance: a sourcing policy decision model [J]. Computers & Operations Research, 2009, 36 (8): 2462 -2471.

[148] Shin H, Collier D A, Wilson D D. Supply management orientation and supplier/buyer performance [J]. Journal of operations management, 2000, 18 (3): 317 -333.

[149] Shu T, Yang F, Chen S, et al. Contract coordination in dual sourcing supply chain under supply disruption risk [J]. Mathematical Problems in Engineering, 2015 (501): 473212.

[150] Silbermayr L, Minner S. Dual sourcing under disruption risk and cost improvement through learning [J]. European Journal of Operational Research, 2015, 250 (1): 226 -238.

[151] Small A W, Downey E A. Orchestrating multiple changes: a framework for managing concurrent changes of varied type and scope [C]. International Conference on IEEE, 1996.

[152] Song J S, Zipkin P. Inventories with multiple supply sources and networks of queues with overflow bypasses [J]. Management Science, 2009, 55 (3): 362 -372.

[153] Stalk G. Surviving the China riptide [J]. Supply Chain Management Review, 2006, 10 (4): 18 -26.

[154] Sting F J, Huchzermeier A. Dual sourcing: responsive hedging against correlated supply and demand uncertainty [J]. Naval Research Logistics (NRL), 2012, 59 (1): 69 -89.

[155] Taylor T A. Supply chain coordination under channel rebates with sales effort effects [J]. Management science, 2002, 48 (8): 992 -1007.

[156] Tian F, Willems S P, Kempf K G. An iterative approach to item - level tactical production and inventory planning [J]. International Journal of Production Economics, 2011, 133 (1): 439 -450.

[157] Tomlin B. On the value of mitigation and contingency strategies for managing supply chain disruption risks [J]. Management Science, 2006, 52 (5): 639 -657.

[158] Toshihiro N, Alexandre B. Self - organization and clustered control in the Toyota group: Lessons from the Aisin fire [J]. 2002, (167a).

[159] Treece J B, Rechtin M. Just - too - much single sourcing spurs Toyota purchasing review [J]. Automotive News, 1997, 71 (3): 3.

[160] Van Mieghem J A, Allon G. The Mexico - China sourcing game: teaching global dual sour-

cing [J]. Informs Transactions on Education, 2010, 10 (3): 105 – 112.

[161] Veeraraghavan S, Scheller – Wolf A. Now or later: a simple policy for effective dual sourcing in capacitated systems [J]. Operations Research, 2008, 56 (4): 850 – 864.

[162] Vickery S K. International sourcing: implications for Just – In – Time Manuf [J]. Production and Inventory Management Journal, 1989, 30 (3): 66.

[163] Wang T, Thomas D J, Rudi N. The effect of competition on the efficient – responsive choice [J]. Production and Operations Management, 2014, 23 (5): 829 – 846.

[164] Wang Y, Gilland W, Tomlin B. Mitigating supply risk: dual sourcing or process improvement? [J]. Manufacturing & Service Operations Management, 2010, 12 (3): 489 – 510.

[165] Wang Y, Gilland W, Tomlin B. The optimality of myopic stocking policies for systems with decreasing purchasing prices [J]. European Journal of Operational Research, 2001, 133 (1): 153 – 159.

[166] Wang Y, Tomlin B. On the value of mix flexibility and dual sourcing in unreliable newsvendor networks [J]. Manufacturing & Service Operations Management, 2005, 7 (1): 37 – 57.

[167] Wang Y, Gerchak Y. Periodic review production models with variable capacity, random yield, and uncertain demand [J]. Management science, 1996, 42 (1): 130 – 137.

[168] White R E, Pearson J N, Wilson J R. JIT manufacturing: a survey of implementations in small and large US manufacturers [J]. Management science, 1999, 45 (1): 1 – 15.

[169] Womack J P, Jones D T, Roos D. Machine that changed the world [M]. Simon and Schuster, 1991.

[170] Wu J, Zhai X, Zhang C, et al. Sharing quality information in a dual – supplier network: a game theoretic perspective [J]. International Journal of Production Research, 2011, 49 (1): 199 – 214.

[171] Xanthopoulos A, Vlachos D, Iakovou E. Optimal newsvendor policies for dual – sourcing supply chains: a disruption risk management framework [J]. Computers & Operations Research, 2012, 39 (2): 350 – 357.

[172] Xu H. Managing production and procurement through option contracts in supply chains with random yield [J]. International Journal of Production Economics, 2010, 126 (2): 306 – 313.

[173] Yan X, Ji Y, Wang Y. Supplier diversification under random yield [J]. International Journal of Production Economics, 2012, 139 (1): 302 – 311.

[174] Yang J, Xia Y. Acquisition management under fluctuating raw material prices [J]. Production and Operations Management, 2009, 18 (2): 212-225.

[175] Yang S, Yang J, Abdel-Malek L. Sourcing with random yields and stochastic demand: a newsvendor approach [J]. Computers & Operations Research, 2007, 34 (12): 3682-3690.

[176] Yang Z, Aydin G, Babich V, et al. Using a dual-sourcing option in the presence of asymmetric information about supplier reliability: competition vs. diversification [J]. Manufacturing & Service Operations Management, 2012, 14 (2): 202-217.

[177] Yano C A, Lee H L. Lot sizing with random yields: a review [J]. Operations Research, 1995, 43 (2): 311-334.

[178] Yu H, Zeng A Z, Zhao L. Single or dual sourcing: decision-making in the presence of supply chain disruption risks [J]. Omega, 2009, 37 (4): 788-800.

[179] Zeng A Z. Single or multiple sourcing: an integrated optimization framework for sustaining time-based competitiveness [J]. Journal of Marketing Theory and Practice, 1998, 6 (4): 10-25.

[180] Zhang W, Hua Z, Benjaafar S. Optimal inventory control with dual-sourcing, heterogeneous ordering costs and order size constraints [J]. Production and Operations Management, 2012, 21 (3): 564-575.

[181] Zhao L, Langendoen F R, Fransoo J C. Supply management of high-value components with a credit constraint [J]. Flexible Services and Manufacturing Journal, 2012, 24 (2): 100-118.

[182] Zhu J, Fu S. Ordering policies for a dual sourcing supply chain with disruption risks [J]. Journal of Industrial Engineering and Management, 2013, 6 (1): 380.

[183] Zhu S X. Dynamic replenishment from two sources with different yields, costs, and lead-times [J]. International Journal of Production Economics, 2015 (165): 79-89.

[184] 陈宁, 朱美琪, 余珍文. 基于对数二次指数平滑的港口吞吐量预测 [J]. 武汉理工大学学报, 2005, 27 (9): 77-79.

[185] 谌述勇, 陈荣秋. 论JIT环境下制造商和供应商之间的关系——中国汽车工业中的JIT采购与供应 [J]. 管理工程学报, 1998, 1998 (3): 46-52.

[186] 戴相全, 樊治平, 刘洋. 价格不确定情形的原材料滚动采购策略模型 [J]. 工业工程与管理, 2008, 20 (6): 60-65.

[187] 杜鹏, 王炬香, 丁宝录. JIT环境下供需采购模型的研究 [J]. 运筹与管理, 2008,

17（2）：93-97.

[188] 段功豪，牛瑞卿，赵艳南. 基于动态指数平滑模型的降雨诱发型滑坡预测［J］. 武汉大学学报（信息科学版），2016，41（7）：958-962.

[159] 冯文龙. 准时制（JIT）采购的战略价值及实施［J］. 成都大学学报（社会科学版），2007（4）：44-47.

[190] 何大四，张旭. 改进的季节性指数平滑法预测空调负荷分析［J］. 同济大学学报（自然科学版），2005，33（12）：1672-1676.

[191] 何青，黄河. 可改善供应风险和生产成本下的供应渠道策略研究［J］. 管理学报，2016，13（5）：755-762.

[192] 胡雄鹰，胡斌，张金隆. 价格季节性随机波动环境下的产品采购策略［J］. 工业工程与管理，2008，6（6）：36-40.

[193] 黄河，何青，徐鸿雁. 考虑供应风险和生产成本不确定性的供应链动态决策研究［J］. 中国管理科学，2015，23（11）：56-61.

[194] 金融时报. 中国以微弱优势成为世界头号商品生产国［DB/OL］.［2011-08-29/2016-9-1］. http://www.shengyidi.com/news/d-411222/.

[195] 津司. 采购管理［M］. 简锦川，译. 台湾：书泉出版社，1988.

[196] 李彬，季建华，孟翠翠. 应对突发事件的双源采购鲁棒订货策略［J］. 系统管理学报，2014，23（3）：381-387.

[197] 李果，张祥，马士华. 不确定交货条件下供应链装配系统订货优化与协调研究综述［J］. 计算机集成制造系统，2012，18（2）：369-380.

[198] 李剑锋. 企业经营管理风险决策［M］. 北京：冶金工业出版社，1996.

[199] 李静. 双汇董事长就瘦肉精事件致歉称损失121亿［DB/OL］.［2011-04-01/2016-05-01］. http://finance.sina.com.cn/chanjing/gsnews/20110401/01489627445.shtml.

[200] 李昆鹏，马士华. 基于JIT配送的3PL运输协调调度问题建模与分析［J］. 中国管理科学，2008，16（1）：73-79.

[201] 李新军，季建华，王淑云. 供应中断情况下基于双源采购的供应链协调与优化［J］. 管理工程学报，2014，28（3）：141-147.

[202] 罗军，张文杰. 竞争零售商应对供应不稳定时的采购策略问题［J］. 系统工程理论与实践，2016，34（3）：25-29.

[203] 罗美玲，李刚. 基于实物期权的双源供应链柔性采购协调策略［J］. 运筹与管理，2012，21（4）：124-136.

[204] 马士华,李果. 供应商产出随机下基于风险共享的供应链协同模型 [J]. 计算机集成制造系统, 2010, 16 (3): 563-572.

[205] 宁浪,张宏斌,张斌. 面向JIT制造的零部件配送中心货位优化研究 [J]. 管理科学学报, 2014, 17 (11): 10-19.

[206] 潘阿瞒. 需求扩大!传苹果要求供应商生产9000万部新款iPhone [DB/OL]. [2015-07-09/2016-07-03]. http://www.anzhuo.cn/news/p_6432.

[207] 宋华. 供应商选择、参与对采购成本管理绩效的影响 [J]. 系统工程理论与实践, 2008, 28 (12): 52-59.

[208] 宋明哲. 风险管理 [M]. 台湾:中华企业发展管理中心, 1984.

[209] 田军,张海青,汪应洛. 基于能力期权契约的双源应急物资采购模型 [J]. 系统工程理论与实践, 2013, 33 (9): 2212-2219.

[210] 同济大学应用数学系. 概率统计简明教程 [M]. 北京:高等教育出版社, 2003.

[211] 汪传旭,许长延. 两级供应链中供应中断情形下零售商转运策略 [J]. 中国管理科学, 2015, 23 (2): 70-79.

[212] 王丽梅,姚忠,刘鲁. 基于需求价格相关商品的双源采购策略 [J]. 计算机集成制造系统, 2012, 18 (2): 396-404.

[213] 翁健. 诺基亚国内供应商企盼借机翻盘 [DB/OL]. [2013-09-04/2016-07-03]. http://tech.163.com/13/0904/03/97T9CM4200094MOK.html.

[214] 张翠华,朱宏,马林. 基于JIT采购的订单分配问题模型及仿真应用 [J]. 东北大学学报(自然科学版), 2006, 27 (11): 1291-1294.

[215] 张晋菁,李景峰. 供应中断和需求扰动环境下的供应模式选择 [J]. 中国管理科学, 2014, 22 (22): 496-501.

[216] 张卫中,尹光志,唐建新,等. 指数平滑技术在重庆市煤炭需求预测中的应用 [J]. 重庆大学学报, 2006, 29 (1): 110-111.

[217] 张文杰,骆建文. 基于双源采购的供应应急管理分析 [J]. 上海交通大学学报, 2013, 47 (3): 454-464.

[218] 郑惠莉,达庆利. 一种需求和采购价均为时变的EOQ模型 [J]. 中国管理科学, 2003, 11 (5): 26-30.

[219] 周永务,王圣东. 库存控制理论与方法 [M]. 北京:科学出版社, 2009.

[220] 周卓儒,王谦,李锦红. 基于标杆管理的DEA算法对公共部门的绩效评价 [J]. 中国管理科学, 2003, 11 (3): 72-75.

[221] 朱传波,季建华. 考虑供应商风险的订货与可靠性改善策略研究 [J]. 管理评论,

2013, 25 (6): 170-176.

[222] 朱津津. 2014大事件盘点: 召回次数再创历史新高 [DB/OL]. [2015-1-7/2016-05-10]. http: //finance. chinanews. com/auto/2015/01-07/6943398. shtml.